舰船及浮式平台运动响应智能预报

李明伟　徐瑞喆　耿　敬　王宇田　著

哈尔滨工程大学出版社

Harbin Engineering University Press

内容简介

本书在总结舰船及浮式平台运动响应智能预报领域研究成果基础上，首先介绍了舰船及浮式平台运动响应预报涉及的相关技术，包括自回归模型、水动力模型、机器学习模型、深度学习模型等；其次介绍了一种基于波浪效应的舰船运动回归预报方法；再次介绍了基于支持向量回归、深度学习等理论方法提出的 5 种舰船及浮式平台运动预报模型，针对预报模型的超参求解难题提供了 5 种对应的超参优选方法；然后，开展实例分析，测试提出新模型和新方法的预报效果；最后探讨了舰船及浮式平台运动预报未来发展趋势。

本书可供舰船及浮式平台运动响应预测、时间序列预测、机器学习、深度学习等方面的研究人员阅读，也可供大专院校船舶与海洋工程、数学、计算机等专业教师、研究生、高年级学生参考。

图书在版编目(CIP)数据

舰船及浮式平台运动响应智能预报 / 李明伟等著.
哈尔滨：哈尔滨工程大学出版社，2025. 1. -- ISBN
978-7-5661-4628-1

Ⅰ. U661. 32

中国国家版本馆 CIP 数据核字第 2025XL1245 号

舰船及浮式平台运动响应智能预报
JIANCHUAN JI FUSHI PINGTAI YUNDONG XIANGYING ZHINENG YUBAO

选题策划	刘凯元
责任编辑	刘凯元
封面设计	李海波

出版发行	哈尔滨工程大学出版社
社　　址	哈尔滨市南岗区南通大街 145 号
邮政编码	150001
发行电话	0451-82519328
传　　真	0451-82519699
经　　销	新华书店
印　　刷	哈尔滨午阳印刷有限公司
开　　本	787 mm×1 092 mm　1/16
印　　张	8
字　　数	200 千字
版　　次	2025 年 1 月第 1 版
印　　次	2025 年 1 月第 1 次印刷
书　　号	978-7-5661-4628-1
定　　价	55.00 元

http://www.hrbeupress.com
E-mail：heupress@ hrbeu.edu.cn

前　言

　　高端船舶和海洋工程装备是实施海洋强国战略的基础和重要支撑。在高端船舶和海洋工程装备运行过程中,舰船及浮式平台预报结果是舰船优选转向时机、辅助航行控制和浮式海洋平台减少恶劣海况下作业事故率、提高设备运行精度的必要数据,特别是舰载机着舰、导弹发射以海洋平台主动控制等作业(战)不可或缺的基础数据。舰船及浮式平台预报技术一直是船海领域研究的国际热点和难点。近年来,随着海洋强国战略实施,我国各类新型军舰、海洋勘探、海洋能开发、海洋油气开发、海洋观测与监测等高端海洋装备相继入列和下水,无论是装备自身的航行与稳定控制,还是其搭载的新型精密仪器和设备运行,都对装备运动预报的精度和时效性提出了更高要求,传统预报方法在满足上述需求方面存在巨大挑战。为此,本书介绍了基于自回归模型、水动力模型、机器学习模型、深度学习模型等多种舰船及浮式平台预报方法,可为读者在舰船及浮式平台运动预报领域的相关研究提供参考。

　　全书共6章。第1章是舰船及浮式平台运动预报内涵与必要性,主要介绍了本书的研究背景、目的、意义、国内外研究现状及存在的问题;第2章是基于波浪效应的舰船运动回归预报方法,主要介绍了一种基于波浪效应的水动力物理过程的舰船运动回归预报方法;第3章是舰船及浮式平台运动非线性动力系统模拟方法,主要介绍了基于支持向量回归、深度学习等理论方法提出的5种舰船及浮式平台运动预报模型;第4章是舰船及浮式平台运动智能预报模型的超参优选方法,主要介绍了5种针对舰船及浮式平台运动预报模型的超参优选方法;第5章是舰船及浮式平台运动预报典型案例,主要用于测试提出的新模型和新算法;第6章是舰船及浮式平台运动预报未来发展趋势,主要探讨了舰船及浮式平台运动预报相关技术的未来发展趋势,如何进一步提升舰船及浮式平台运动预报的性能。

　　本书由李明伟、徐瑞喆、耿敬、王宇田著。李明伟主要负责第1章和第5章的内容,徐瑞喆主要负责第3章和第6章的内容,耿敬主要负责第2章的内容,王宇田主要负责第4章的内容。在成书过程中,感谢闫璐、陈俊华、王路平、马海涛、郑玉珍、李向阳、任伯浩、张启昭、王梓鹤、李庆勇、李秋洁、颜世嘉、刘泽宁等研究生协助完成本书的整理与完善。

　　本书研究成果得到了国家自然科学基金项目(52371315)、黑龙江省自然科学基金优秀青年项目(YQ2021E015)、海南省重点研发计划项目(ZDYF2023GXJS017)、黑龙江省重点研发计划项目(GA23A905)、"海洋十年"中国行动国际合作种子基金重点项目(GHZZ370284000202024020000023)的资助支持,在此一并表示感谢。

　　由于作者水平有限,书中错误和疏漏在所难免,恳求各位专家、同行不吝赐教,也请广大读者提出宝贵意见。

著　者

2024 年 10 月

目　　录

第一章 舰船及浮式平台运动预报内涵与必要性

第一节 舰船及浮式平台运动预报意义

舰船运动预报结果是优选舰船转向时机、辅助航行控制、减少恶劣海况下作业事故率、提高船上设备运行精度的必要数据。同时,其也是舰载机着舰、军舰电子助降系统不可或缺的基础数据(图1.1)。舰船运动趋势判断不准确,极易造成飞机着舰点偏离、逃离阻拦索等事故,造成设备的破坏和人员的巨大损伤(图1.2)。特别是军事作战时,精确的舰船运动预报结果是确保舰载武器系统尤其是导弹发射精度和猎雷艇动力定位的核心关键数据。因此,提高舰船运动预报精度对于舰船安全航行与作业(战)具有重要意义。

图1.1　舰载机着舰路线

(图片来源于网络)

图1.2　舰载机着舰事故

(图片来源于网络)

浮式平台运动预报结果能够保障作业人员安全,通过精准预测平台运动,有效避免极端天气下的操作风险,显著提升作业安全性;准确预报还能助力优化作业计划,提高作业效率,减少因不利海况导致的停工时间。同时,浮式平台运动预报有助于合理规划能源使用,减少不必要的资源消耗。长远来看,定期评估结构在复杂海况下的耐久性,对维护浮式平台稳定、延长使用寿命至关重要。更重要的是,浮式平台运动预报信息为应急响应提供了宝贵的时间窗口,确保在突发事件中能够迅速、有效地采取行动。综上所述,浮式平台运动预报是降低运营成本、提升综合运营效益的关键手段。

因此,舰船及浮式平台运动预报技术具有极高的民用和军事价值,一直是船海领域国际热点问题。

研究人员立足舰船及浮式平台运动特性,从水动力学和数理统计等多个方面建立了多种预报方法,为舰船及浮式平台运动预报基础理论和应用研究奠定了重要基础,相关方法为舰船安全航行和高效作业(战)提供了重要支撑,同时为浮式平台的高效运行提供了必要的技术支持。随着舰船及浮式平台智能化进程的加速推进,更多精密设(装)备的不断部署,特别是无人装备的逐步体系化列装,对舰船及浮式平台运动预报方法的精准性、时效性和鲁棒性提出了更高需求。

为此,本书基于深度学习前沿理论,开展舰船及浮式平台运动响应智能预报方法研究,一方面可完善预报环境和网络要素对基于深度学习的舰船及浮式平台运动预报性能影响规律、演化特性及形成机理的基础理论;另一方面可以构造国际先进的算法模型,为舰船安全航行与浮式平台的高效运行提供必要且可靠的技术支持。

第二节　舰船及浮式平台运动预报现状

舰船及浮式平台运动预报分为长期预报、短期预报和极短期预报三类,类别不同采用的方法和预报结果应用范围也不同。长期预报也称为设计极值预报,一般是从统计的角度给出舰船在几个月、一年、数年乃至整个寿命期内可能发生的运动响应幅值的最大值,主要用于初步设计。短期预报主要基于船模试验或切片法、二维半、三维线性和非线性等流体动力学方法,并依赖概率统计给出未来半小时及数小时内舰船运动响应特征值,如有义值、上浪概率、砰击次数等,用于设计师优化设计方案和驾驶人员掌握舰船在波浪中的航行性能。极短期预报是实时的、确定性的运动预报,一般基于舰船运动历史数据,采用时间序列分析、非线性系统、机器学习和人工智能等手段,预报未来几秒到几分钟的舰船运动姿态,主要用于舰船航行和作业(战)中的补偿控制及作业引导,如武器火控、飞机起降、导弹发射和潜器回收等(图1.3)。本书聚焦舰船及浮式平台运动极短期预报开展研究工作。

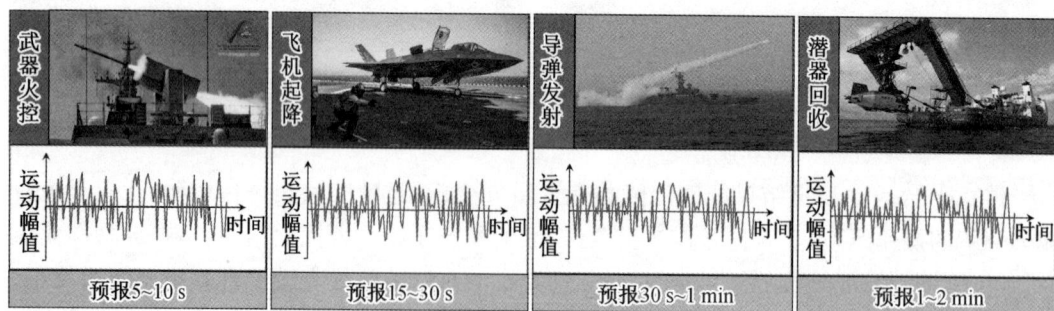

图1.3　舰船运动极短期预报应用

舰船及浮式平台运动极短期预报研究一直是船舶与海洋工程领域的热点研究方向。该研究始于20世纪60年代,从采用的数学手段和发展历程来看,大致可分为基本统计方法、现代智能计算方法和深度学习方法三类。基本统计方法主要是以数理统计和微积分等传统数学和物理方法为基础的预测方法,如卡尔曼(Kalman)滤波、时间序列和灰色系统理论等。现代智能计算方法主要是以现代科学技术和方法为研究手段的预测模型,如支持向量机(SVR)、人工神经网络(ANN)等。深度学习方法主要是以深度学习网络为核心的方法,包括循环神经网络、卷积神经网络、集成学习和强化学习等方法。

基本统计方法因其结构简单、计算复杂度低、更新速度快等优势,一直吸引着广大学者开展相关研究工作,现有工作主要集中在预报快速性和精度等方面;现代智能计算方法因其具有较强的非线性动力系统模拟能力,在中、高海况下,依然具有较强的适用性,现有报道主要集中在预报方法的时效性与鲁棒性等方面;随着深度学习基础理论和技术的迅猛发展,特别是计算机技术进步带来的算力激增,基于深度学习的舰船及浮式平台运动预报研究文献逐年增加,已成为该方向的国际研究热点,并且随着深度学习理论的快速发展,研究热度有逐渐加强的趋势。下面进行具体的分析与总结。

一、基于基本统计模型的舰船及浮式平台运动预报方法研究进展

舰船及浮式平台运动极短期预报早期主要基于线性水动力学运动方程,其主要包括卷积预报方法和空间状态方程的卡尔曼滤波预报方法,预报方法复杂、计算效率低且精度不理想。文献[1]发现了以卡尔曼滤波为基础的舰船运动预报方法,对系统阻尼较小的情况具有较强的适用性,但因水动力系数随波浪频率不断变化,所以基于频域方法建立的运动方程不易保证精度,故此方法的预报精度并不理想,且预报性能稳定性不佳。

时间序列分析方法是进行舰船及浮式平台运动极短期预报的另一途径,该方法只需知道舰船及浮式平台运动历史数据,便可进行建模预报,避免了基于水动力预报方法中需准确估计状态方程、噪声和核函数等方面的局限。文献[2-5],基于自回归(AR)、高斯回归、贝叶斯回归等理论,建立了舰船运动预报方法,更好地适应了舰船运动时间特性,改善了预报精度。Wiener 等提出了一种基于历史运动数据的统计预测方法,可以在一定程度上满足短期预测的要求。Bates 等基于统计预测方法进行了舰船运动预报预测,结果表明,随着时间的增加,误差逐渐增大。Yumori 提出了一种基于自回归移动平均(ARMA)模型的舰船运动预报方法,该方法建模过程简单,但预测步长仅为 2~4 s。Zhang 等和 Zhao 等分别使用 AR 模型和 ARMA 模型预测舰船运动,获得了更准确的预测。Peng 和 Liu 利用格递推最小二乘算法对 AR 模型进行改进,建立了一种新的 AR 模型参数估计方法,提高了 AR 模型的预测精度和计算速度。然而,AR 模型和 ARMA 模型都假设线性,由于其强非线性,限制了它们在舰船运动预测中的应用。Yumori 利用时间序列方法建立了 ARMA 模型进行舰船运动预报预测,结果表明,ARMA 模型可以在 8 s 内提前预测相位和振幅。Zhao 等提出了一种基于 ARMA 模型的大舰船运动预报预测方法,结果表明,如果能观测到船首前方 1L 处(L 为船长)的波浪运动规律,ARMA 方法的精度高于 AR 方法。在时间序列分析方法中,线性预报理论计算复杂度相对较低,操作相对较简单,工程实用性强。但在中高海况下,舰船运动往往是非线性、非平稳、不确定的,时间序列分析方法处理上述非线性特征的能力有待提升。

灰色系统理论是研究不确定性问题的一种有效方法,应用模拟函数去逼近复杂的舰船运动,避免了直接研究舰船运动随机过程。学者们从灰色多因素、拓扑预测、非齐次指数增长、加速平移变换和加权均值生成变换等角度出发,建立了基于灰色模型及其改进模型的舰船运动预报方法,实现了舰船运动预报,改善了预报精度。Shen 率先将灰色系统理论

(grey system theory model，GM)应用于舰船运动预测。Liu 和 Peng 采用二阶灰色神经网络模型对舰船运动进行预测。Sun 和 Shen 基于灰色系统理论建立了灰色代谢舰船运动预报预测模型，数值验证结果表明该方法简单可靠。Yin 等提出了一种基于在线序列极值学习机的序列灰色预测方法，并将其应用于船舶滚动预测，结果表明，所提出的方法能够有效地处理不确定时变非线性系统。这些工作提高了预测精度，但是用 GM 建模的数据序列必须用离散函数来描述并且是光滑的，在具有强非线性的舰船运动预测中不太可能满足这些条件。因此，GM 方法在舰船运动预测中有很大的局限性。当面对噪声影响大、非线性强的舰船及浮式平台运动序列时，此类方法的预报精度不易保证。

二、基于现代智能计算方法的舰船及浮式平台运动预报方法研究进展

20 世纪 90 年代以来，对于中高海况下的舰船运动，基于非线性理论和人工智能技术的辨识方法开始被尝试用于舰船运动极短期预报，主要包括 ANN 和 SVR 等方法。

ANN 方法具有强大的拟合能力，针对线性和非线性数据的建模鲁棒性较强。文献 [20-36]基于 ANN 方法，针对舰船运动时域特性，从不同网络结构、相空间重构、小波理论、混合学习策略等角度出发，分别建立了舰船运动预报方法，应用于舰船横摇、垂荡、航向等预报，建立的预报方法改善了舰船运动预报精度，延长了预报时长。但 ANN 方法遵循经验最小化原则，存在过拟合现象，并且随着样本数目的增加，网络训练的复杂度和耗时迅速增大，当应用于舰船运动极短期预报时，模型的预报精准度和时效性仍存在不足。

SVR 方法以最小结构风险代替传统的经验风险，拥有先进的非线性映射能力，解决了 ANN 方法的局部极小和过拟合问题。文献[37-40]基于 SVR 基础理论，针对舰船运动强非线性、混沌特性和非平稳特性，从改进损失函数、尝试不同核函数、引入经验模态分解、镜像对技术、灰色预测框架、相空间重构、差分方法及参数优选方法改进等方面出发，开展了基于 SVR 方法的舰船垂荡、横摇、纵摇等预报研究，建立了新的舰船运动预报方法，从不同程度上改善了预报精度和预报时长，为舰船运动预报提供了重要技术参考。Khan 将神经网络应用于舰船运动预报，并提出了两种神经网络的权值训练方法。结果表明，人工神经网络可以实时预测舰船运动预报。尽管人工神经网络在处理非线性问题方面很强大，但它依赖于样本。随着舰船航行和作业(战)环境的改变，SVR 模型在快速更新和参数动态设置，特别是模型鲁棒性和预报稳健性方面仍面临很大挑战。

本书著者针对舰船及浮式平台运动的强非线性特征，从不确定性、非稳定性、周期性和混沌特性出发，基于组合预报理论，开展了舰船运动组合预报相关研究工作：考虑舰船运动的混沌特性、周期性和噪声信号，建立了面向舰船运动预测的混沌系统重构方法，设计了动态季节调整机制，将鲁棒损失函数引入 SVR 模型，提出了一种舰船运动 DSRvSVR 预测模型；同时考虑模型参数优选难题，提出了混沌自适应高效果蝇优化算法，实现了对模型超参的快速优选。结果表明，建立的预报方法能够更好地表征舰船运动非线性动力系统的混沌特性，改善了预报精度；针对舰船运动在周期波和强非线性作用下具有明显的周期性，将舰船运动时间序列分为周期项和非线性项分别进行预报；基于周期图估计方法(periodogram estimation method，PEM)、最小二乘支持向量回归(LSSVR)和混沌粒子云优化算法，提出一种基于 PEM-LSSVR-CCPSO 的舰船运动混合预测方法。分析结果表明，新方法能够兼顾周

期性的影响,对舰船运动非线性动力系统进行了更为精确的模拟。针对浮式平台运动数据时间序列的复杂非线性特点,利用经验模式分解(EEMD)方法,将时间序列分解为固有模态函数和残差,采用基于混合核函数的 SVR 模型对非线性动力系统进行模拟,提出基于混沌、小生境搜索和进化机制的混沌高效蝙蝠(Bat)算法,实现了 SVR 模型参数优化。测试结果表明,通过对模态分解后的各模态分量进行模拟,降低了其非线性特征,改善了整体预报精度。

研究表明,上述模型虽然在一定程度上改善了舰船及浮式平台运动的预报精度,但大多时间序列分解算法均需要先验知识指导,鲁棒性和稳健性不高,同时为了保证预报精度,模型的复杂度也大幅增加,不易支持极短期预报,因此,这些模型在用于支持舰船及浮式平台运动的在线、智能和高精准预报方面仍存在一定挑战。

三、基于深度学习模型的舰船及浮式平台运动预报方法研究进展

关于深度学习的研究已经经历了数十载。2009 年,计算机视觉领域的顶级竞赛 ImageNet 创办。2015 年,谷歌开源了 TensorFlow 深度学习框架。2016 年,谷歌 AlphaGo 打败了当时最顶尖的围棋选手。2020 年,人工智能首次应用于美国军用系统,开启了算法战新时代。2022 年 11 月,美国 OpenAI 公司发布 ChatGPT 人工智能对话聊天机器人,5 天注册用户数超过 100 万,2023 年 1 月,用户已突破 1 亿,被称为当下“最强 AI”。

深度学习的应用不再局限于早期的图像、语音等领域,越来越多的深度学习网络被用于解决时间序列预测问题。在基于深度学习的舰船及浮式平台运动预报研究方面,广大学者也进行了卓有成效的研究工作。相关文献基于循环神经网络、卷积神经网络等深度学习方法,搭建了网络架构,结合门控机制、注意力机制、正则化等手段,分别建立了舰船运动预报方法,应用于舰船运动极短期预报,改善了预报精度。随着人们对舰船运动预测精度的要求越来越高,单一深度学习模型的瓶颈渐渐显现,随后针对预报方法各自的优缺点,学者们基于深度学习、灰色理论、极限学习机、埃尔曼网络、经验模态分解、标准差法和卡尔曼滤波算法等理论和方法,提出了多种基于组合策略和分解策略的预报方法,预报性能优于单一预报模型,进一步改善了预报精度和泛化性能。Suhermi 等充分考虑了整合自回归移动平均(ARIMA)模型和深度神经网络(deep neural network, DNN)的优势,提出了一种基于 DNN-ARIMA 的船舶横摇预测模型。结果表明,该混合模型比传统模型具有更好的捕获非线性模型的能力。Wang 等提出了一种基于输入延迟神经网络的舰船姿态预测方法,仿真结果表明,该方法可以有效提高舰船姿态预测的精度。Peng 等使用长短期记忆(LSTM)网络预测船舶姿态,验证了使用递归神经网络预测舰船运动预报的可行性。Zhang 等结合卷积神经多络(CNN)和 LSTM 建立了无人水面车辆(USV)滚动运动预测模型,结果表明,使用 CNN 提取舰船运动预报的时间序列特征有助于提高模型的预测精度。Liu 等提出了一种基于舰船运动预报记录序列隐含相关性的 LSTM 输入向量空间优化方法,并探讨了输入维数与舰船运动预报预测精度之间的关系。Daesoo 和 Seung 将循环神经网络(RNN)引入动态定位系统中,有效提高了船舶运动预测的精度。Wang 等提出了一种基于双向长短期记忆网络和时间模式注意机制的船舶横摇角预测方法,结果表明,该模型与 LSTM 模型和支持向量机(SVM)模型相比具有更高的精度。Peng 等提出了一种基于 LSTM 神经网络的舰船运

动预报姿态预测方法,其结果表明,该方法具有较高的学习精度。Zhang 等提出了一种将滤波循环分解与门控循环单元(GRU)相结合的时间序列预测新方法,且发现他们的方法优于其他可比方法。Daesoo 和 Seung-Jae 将 RNN 引入动态定位系统,有效提高了船舶运动预测的准确性。Wang 等提出了一种基于双向长短期记忆网络(Bi-LSTM)和时间模式注意机制(TPA)的船舶横摇角预测方法。Yin 等提出了一种新的系统识别方案,以获得船舶操纵的多输入多输出(MIMO)模型。这些引用的研究证明了使用 RNN 预测舰船运动预报的可行性。深度学习模型具有明显的优势,因此具有更好的预测精度,利用 CNN 和 RNN 的优势已成为研究的重要方向。各个领域的学者通过将 CNN 和 RNN 相结合,成功地解决了实际预测产生的问题。例如,Mikel 等提出了一种基于深度学习的方法来检测有监督的多时间序列异常,该方法以不同的方式将 CNN 与 RNN 相结合。Rui 等结合迭代扩张卷积神经网络(1DCNN)和 LSTM 来预测风速。Ning 等建立了一个基于深度 CNN-LSTM 网络的库存预测模型。受传统方法预测 USV 侧倾运动能力差的启发,Zhang 等将 CNN 与 LSTM 相结合,建立了数据驱动的 USV 侧倾预测神经网络模型。各种工作中的实际应用结果表明,深度学习模型与 CNN 和 RNN 的组合在时间序列预测中非常有效。文献[96—99]将非线性特征挖掘能力更强的强化学习思想与 Transformer 模型引入舰船运动预报,赋予网络环境交互与层次化建模能力,改善了网络过拟合与长程依赖问题,提高了网络预报精度,为舰船运动预报提供了新参考。

鉴于深度学习网络优秀的数据挖掘能力,本书作者基于深度学习开展了舰船及浮式平台运动预报研究工作。从舰船运动周期性出发,考虑波浪特殊影响,引入注意力机制,提出了计入波浪特殊影响的 CNN-GRU-AM 舰船运动预报网络,并建立了基于混沌果蝇的超参设置方法。测试表明,新方法能更好地表征舰船运动周期性,提升了预报精度。从舰船运动时间序列强非线性出发,引入经验模态分解(EMD)处理方法,进行序列分类处理,建立了 EMD&CNN-LSTM 舰船运动预报方法,基于两艘实船数据的预报试验表明,新方法在保证预报精度的前提下,能够缩短 24% 的学习时间,有效提高了预报结果的时效性。

上述研究表明,基于深度学习的舰船及浮式平台运动预报模型均表现出了较大的优势和开发潜力,但同一预报方法应用于异船型变工况下预报精度表现不一、鲁棒性差,与此同时,新近出现的深度学习网络虽然在知识学习方面具有强大的挖掘能力,但因训练过程中的长程依赖难题导致自主进化受限。

四、小结

综上所述,舰船及浮式平台运动预报数据作为舰船航行和作业(战)的重要技术参数,其预报一直是国际关注热点。综合已有研究报道,基于基本统计模型的舰船及浮式平台运动预报方法通常算法复杂度较低、操作便捷,但如何解决复杂工况下的建模与预报精度问题尚需深入探究;基于现代智能计算方法的舰船及浮式平台运动预报方法能够基本满足中、高海况下的预报精度要求,但在计算复杂度优化与参数优选方面仍需开展进一步研究工作;基于深度学习的预报方法,因其对舰船运动非线性动力系统有较好的挖掘能力,所以已成为舰船及浮式平台运动预报领域国际热点方向,并且正受到越来越多的关注,具有很大的开发潜力。

第三节　舰船及浮式平台运动预报影响因素

Wolpert 和 Macerday 的最优化理论"没有免费的午餐定理"表明:没有一个学习算法可以在任何领域总是产生最准确的学习器,深度学习网络也不例外。在利用深度学习网络进行舰船及浮式平台运动预报过程中,其网络架构、隐含层种类、数目、节点数及超参等网络要素的设置决定着预报精度,因此,基于深度学习网络要素对舰船及浮式平台运动预报性能影响规律,考虑舰船及浮式平台型号、工况和非线性特征等预报环境特征属性,完成计入预报环境的网络要素优化匹配,构建深度学习网络,是实现精准预报的关键。但目前深度学习网络要素对舰船及浮式平台运动预报性能影响规律不明,不同环境下预报性能演化特征和产生机理不清,为此,仍需进行深入探索。

针对上述当前深度学习网络要素对预报性能的影响规律不明、基于深度学习的舰船及浮式平台运动预报性能环境影响机理不清等问题,本书拟通过开展基于深度学习的不同预报环境和网络要素下舰船及浮式平台运动预报试验研究,揭示深度学习网络要素对舰船及浮式平台运动预报性能影响规律,探明不同预报环境下深度学习网络预报性能演化特性及发生机理,构建基于深度学习的舰船及浮式平台运动预报性能环境影响知识图谱,为舰船运动环境自洽自成长型预报网络构建提供基础理论支撑。

一、基于深度学习的舰船及浮式平台运动预报性能环境影响机理分析

舰船及浮式平台运动预报受多种因素影响,主要包括环境因素、气象条件、海浪状况与平台特性等。

海洋环境是一个复杂多变的系统,包括水流、潮汐、海流、海温等因素。这些因素都可能对舰船及浮式平台的运动产生影响。例如,海流可能会改变平台的运动轨迹,而潮汐则可能影响平台的稳定性。

在气象条件与海浪状况方面,风、浪、流、潮汐等是影响舰船及浮式平台运动的重要因素。风是海洋环境中最重要的因素之一,它可以引起海面的波动,从而影响舰船及浮式平台的运动。强风可能导致平台发生大幅度的摇摆和偏移,增加运动预报的难度。因此,在预报舰船及浮式平台的运动时,必须考虑风的影响,并准确预测风的方向和强度。海浪可以直接影响舰船及浮式平台的稳定性。海浪的高度、周期和方向都会对平台的运动产生影响。大浪可能导致平台发生剧烈的摇摆和升降运动,从而影响平台的稳定性和安全性。因此,在预报舰船及浮式平台的运动时,必须考虑海浪的影响,并准确预测海浪的特性。海流可以影响舰船及浮式平台的运动轨迹。海流的方向和速度都会对平台的运动产生影响。例如,顺流可能会加速平台的运动,而逆流可能会减缓平台的运动。因此,在预报舰船及浮式平台的运动时,必须考虑海流的影响,并准确预测海流的方向和速度。潮汐是海洋环境中一种周期性变化的现象,它可以影响舰船及浮式平台的稳定性。潮汐的变化可能导致平台发生升降运动,从而影响平台的稳定性。因此,在预报舰船及浮式平台的运动时,必须考虑潮汐的影响,并准确预测潮汐的变化规律。

平台特性对舰船及浮式平台运动预报的影响是显著且不可忽视的。平台的特性,包括其设计、结构、尺寸、质量、重心位置等因素,都会对舰船及浮式平台的运动响应产生直接的影响。不同的平台设计对海洋环境的响应不同。例如,有些设计可能更注重稳定性,而有些可能更注重灵活性。这种差异会在平台的运动中表现出来,并对预报模型的准确性和精度产生影响。平台的结构对其在海洋环境中的行为有重要影响。例如,平台的刚性、柔性、阻尼等特性都会影响其在波浪中的动态响应。这些因素需要在预报模型中考虑,以确保准确的运动预测。平台的尺寸和质量对其在海洋环境中的运动有直接影响。大型、重的平台可能更稳定,对波浪的响应较小;而小型、轻的平台可能更容易受到波浪的影响,产生较大的运动。平台的重心位置对其稳定性有重要影响。重心高的平台在波浪中更容易发生倾覆,而重心低的平台则更稳定。因此,在预报舰船及浮式平台的运动时,必须考虑其重心位置的影响。为此,为了准确预报舰船及浮式平台的运动,必须在预报模型中考虑上述平台特性的影响,收集和利用准确的平台特性数据,包括平台的设计、结构、尺寸、质量、重心位置等信息,这也是提高预报精度的重要方法。

在进行舰船及海上平台运动智能预报的过程中,为了获得准确的运动预报结果,需综合考虑以上因素,并采用合适的预报模型和方法,调整预报过程中各组成参数与网络结构,获取一个更为优质的解。

二、探究深度学习网络要素对预报性能的影响规律

深度学习网络(包含网络结构、网络层数与神经元数量、激活函数、优化算法、损失函数、超参数等)能够对舰船及海上平台运动智能预报产生较为显著的影响。可以说,深度学习网络模型直接影响最终预报的质量。

1. 网络结构

深度学习网络的结构决定了其学习和表示数据的能力。不同的网络结构(如卷积神经网络、循环神经网络、长短期记忆网络等)对不同类型的数据和预测任务有不同的适应性。选择适合特定问题的网络结构是优化预报性能的关键。

2. 网络层数与神经元数量

网络的层数和每层的神经元数量决定了网络的容量。层数和神经元数量过多可能导致过拟合,而数量过少可能导致欠拟合。通过调整这些参数,可以找到网络的最佳容量,从而优化预报性能。

3. 激活函数

激活函数决定了神经元如何结合输入信号来产生输出。不同的激活函数(如 ReLU、sigmoid、tanh 等)具有不同的特性,可能影响网络的学习和预报性能。

4. 优化算法

优化算法用于训练深度学习网络,调整网络权重以最小化预测误差。不同的优化算法(如梯度下降、Adam、RMSProp 等)有不同的收敛速度和稳定性,可能影响预报性能的收敛速度和最终精度。

5. 损失函数

损失函数用于量化网络预测与实际值之间的差异。选择适合问题的损失函数(如均方

误差、交叉熵等)有助于网络更好地学习数据特征,从而提高预报性能。

6. 超参数

超参数如学习率、批大小、正则化强度等也会影响网络的预报性能。通过适当地调整超参数,可以找到最佳的训练设置,提高预报性能。

需要注意的是,深度学习网络的性能影响规律是复杂的,不同的要素之间可能存在相互作用。因此,在优化预报性能时,需要综合考虑这些要素,并进行大量的试验和调整。

第二章 基于波浪效应的舰船运动回归预报方法

本章将着重介绍一种基于波浪效应的水动力物理过程的舰船运动回归预报方法,首先介绍自回归模型的基本原理,然后介绍一种基于波浪效应自回归的舰船运动预报模型。

第一节 自回归模型基本原理

在平稳线性时间序列分析中,常见的时序模型包括自回归(auto-regressive, AR)模型、滑动平均(moving average, MA)模型和自回归滑动平均(auto-regressive moving average, ARMA)模型。其中,AR 模型描述的是系统对过去自身的记忆,MA 模型描述的是系统对过去时刻噪声(扰动)的记忆,而 ARMA 模型则是系统对过去自身状态及各个时刻噪声(扰动)的记忆。

相比于其他时间序列模型,AR 模型算法复杂度较小、计算方便且具有很强的自适应性能,因而,该模型被广泛地应用于多个工程领域中的时序预测或者信号分析。对于给定的时间序列 $\{x_i, i = 1 \sim N\}$,AR 模型的标准形式为

$$x_t = \varphi_1 x_{t-1} + \varphi_2 x_{t-2} + \cdots + \varphi_p x_{t-p} + a_t \quad t = p+1, p+2, \cdots, N \tag{2-1}$$

式中,p 为模型阶数;$\Phi = (\varphi_1, \varphi_2, \cdots, \varphi_p)$ 为 AR 模型参数。

AR 模型的辨识过程包括模型阶数 p 的确定和模型参数 $\Phi = (\varphi_1, \varphi_2, \cdots, \varphi_p)$ 的估计。根据实测的样本数据,通过相关参数估计方法和定阶准则可求出 AR 模型阶数及参数。在 AR 模型确定后,基于该模型的一步预报公式为

$$\hat{x}_{t+1} = \begin{cases} \sum_{j=1}^{p} \varphi_j x_{t+l-j} & (l = 1) \\ \sum_{j=1}^{k-1} \varphi_j \hat{x}_{t+l-i} + \sum_{j=1}^{p} \varphi_j x_{t+l-j} & (1 < l < p) \\ \sum_{j=1}^{p} \varphi_j \hat{x}_{t+l-j} & (l \geqslant p) \end{cases} \tag{2-2}$$

以上即为 AR 模型预报的基本原理。

一、参数估计

参数估计是确定模型参数 $\Phi = (\varphi_1, \varphi_2, \cdots, \varphi_p)$ 的过程。常用的参数估计方法主要采用的是递推最小二乘(recursive least square, RLS)算法和递推估计(levinson durbin, L-D)算法。

（一）RLS 算法

RLS 算法基于拟合残差最小进行参数估计。定义目标函数 J 如下式所示，用于衡量模型的性能，J 越小说明模型的拟合结果越准确。

$$J = \sum_{t=p+1}^{N} e_t^2 = \boldsymbol{E}^{\tau}\boldsymbol{E} \tag{2-3}$$

式中，e_t 为拟合残差；$\boldsymbol{E}$ 为拟合残差矢量。

模型参数 $\boldsymbol{\Phi}$ 的最小二乘法估计就是选择最优估计值 $\hat{\boldsymbol{\Phi}}$ 使目标函数 J 达到最小。

将式（2-1）写成矩阵形式：

$$\boldsymbol{Y} = \boldsymbol{X}\boldsymbol{\Phi} + \boldsymbol{E} \tag{2-4}$$

式中

$$\begin{cases}
\boldsymbol{Y} = (x_{p+1}, x_{p+2}, x_{p+3}, \cdots, x_N)^{\tau} \\
\boldsymbol{\Phi} = (\varphi_1, \varphi_2, \varphi_3, \cdots, \varphi_p)^{\tau} \\
\boldsymbol{E} = (e_{p+1}, e_{p+2}, e_{p+3}, \cdots, e_N)^{\tau}
\end{cases}$$

$$\boldsymbol{X} = \begin{bmatrix}
x_p & x_{p+1} & \cdots & x_{N-1} \\
x_{p-1} & x_p & \cdots & x_{N-2} \\
\vdots & \vdots & & \vdots \\
x_1 & x_2 & \cdots & x_{N-p}
\end{bmatrix}$$

模型残差为

$$\boldsymbol{E} = \boldsymbol{Y} - \boldsymbol{X}\boldsymbol{\Phi} \tag{2-5}$$

将式（2-5）代入式（2-3）得

$$\boldsymbol{J} = (\boldsymbol{Y} - \boldsymbol{X}\boldsymbol{\Phi})^{\tau}(\boldsymbol{Y} - \boldsymbol{X}\boldsymbol{\Phi}) = \boldsymbol{Y}^{\tau}\boldsymbol{Y} - \boldsymbol{\Phi}^{\tau}\boldsymbol{X}^{\tau}\boldsymbol{Y} - \boldsymbol{Y}^{\tau}\boldsymbol{X}\boldsymbol{\Phi} + \boldsymbol{\Phi}^{\tau}\boldsymbol{X}^{\tau}\boldsymbol{X}\boldsymbol{\Phi} \tag{2-6}$$

为了实现 J 的最小化，需满足：

$$\left.\frac{\partial \boldsymbol{J}}{\partial \boldsymbol{\Phi}}\right|_{\boldsymbol{\Phi} = \hat{\boldsymbol{\Phi}}} = -2\boldsymbol{X}^{\tau}\boldsymbol{Y} + 2\boldsymbol{X}^{\tau}\boldsymbol{X}\hat{\boldsymbol{\Phi}} = 0 \tag{2-7}$$

得 $\hat{\boldsymbol{\Phi}}$ 为

$$\hat{\boldsymbol{\Phi}} = (\boldsymbol{X}^{\tau}\boldsymbol{X})^{-1}\boldsymbol{X}^{\tau}\boldsymbol{Y} \tag{2-8}$$

式（2-8）所示即为 $\hat{\boldsymbol{\Phi}}$ 的最小二乘估计。但直接求解式（2-8）导致算法所需的存储量和计算量随着 N 的增长而增大，对于实时预报问题而言，这显然是不被希望的。因而，通常一般采用 RLS 算法来提高计算效率。

RL 算法的基本思想是：获得新的观测数据后，不需要基于全部数据进行重新计算，而是在原有参数估计结果的基础上，考虑新观测数据带来的信息对原有的估计值进行修正，得到新的参数估计结果。AR(p) 模型参数 $\boldsymbol{\Phi}^{\tau} = (\varphi_1, \varphi_2, \varphi_3, \cdots, \varphi_p)^{\tau}$ 的递推最小二乘估计计算式为

$$\begin{cases}
\hat{\boldsymbol{\Phi}}_{N+1} = \hat{\boldsymbol{\Phi}}_N + \boldsymbol{K}_{N+1}(x_{N+1} - \boldsymbol{X}^{\tau}(N+1)\hat{\boldsymbol{\Phi}}_N) \\
\boldsymbol{K}_{N+1} = \boldsymbol{P}_N\boldsymbol{X}(N+1)(1 + \boldsymbol{X}^{\tau}(N+1)\boldsymbol{P}_N\boldsymbol{X}(N+1))^{-1} \\
\boldsymbol{P}_{N+1} = (\boldsymbol{I} - \boldsymbol{K}_{N+1}\boldsymbol{X}^{\tau}(N+1))\boldsymbol{P}_N
\end{cases} \tag{2-9}$$

为了启动算法,要求知道初始值 $\boldsymbol{P}_0$ 和 $\hat{\boldsymbol{\Phi}}_0$,在没有任何先验信息的情况下,令

$$\hat{\boldsymbol{\Phi}}_0 = 0; \quad \boldsymbol{P}_0 = \kappa \boldsymbol{I} \tag{2-10}$$

式中,κ 是充分大的正数(一般可以取 $\kappa = 10^4$);$\boldsymbol{I}$ 为单位向量。经过一定次数的迭代之后,就能得到满意的参数估计量。

对于在线处理问题,考虑到式(2-1)中模型的输入数据是不断变化的,因而引入遗忘因子 λ 来表示新旧数据对预报模型的影响,对应的目标函数为

$$J = \sum_{t=p+1}^{N} \lambda^{N-t} e_t^2 \tag{2-11}$$

对目标函数进行求偏导得到相应的最小二乘估计,其递推算法为

$$\begin{cases} \hat{\boldsymbol{\Phi}}_{N+1} = \hat{\boldsymbol{\Phi}}_N + \boldsymbol{K}_{N+1}(x_{N+1} - \boldsymbol{X}^{\tau}(N+1)\hat{\boldsymbol{\Phi}}_N) \\ \boldsymbol{K}_{N+1} = \boldsymbol{P}_N \boldsymbol{X}(N+1)(1 + \boldsymbol{X}^{\tau}(N+1)\boldsymbol{P}_N \boldsymbol{X}(N+1))^{-1} \\ \boldsymbol{P}_{N+1} = \dfrac{1}{\lambda}(\boldsymbol{I} - \boldsymbol{K}_{N+1}\boldsymbol{X}^{\tau}(N+1))\boldsymbol{P}_N \end{cases} \tag{2-12}$$

(二)L-D 算法

矩阵相关估计的基础是耶尔-瓦尔格(Yule-Walker,Y-W)方程,以下将基于 AR 模型的基本表达式给出该方程的推导过程。

由 AR 模型的递推性(如式(2-1))两边同乘以 x_{t+k} 并取期望值易得

$$R_l = \varphi_1 R_{l-1} + \varphi_2 R_{l-2} + \cdots + \varphi_p x_{l-p} = \sum_{j=1}^{p} \varphi_j x_{l-j} \tag{2-13}$$

式中,$\hat{R}_l = \hat{R}_{-l} = \dfrac{1}{N-l} \sum_{t=1}^{N-l} x_t x_{t+l} (l=0,1,2,\cdots)$。

取方程组中 $k=1\sim p$,则 p 个方程可以写成矩阵形式如下:

$$\begin{bmatrix} R_1 \\ R_2 \\ \vdots \\ R_p \end{bmatrix} = \begin{bmatrix} R_0 & R_1 & \cdots & R_{p-1} \\ R_1 & R_0 & \cdots & R_{p-2} \\ \vdots & \vdots & \ddots & \vdots \\ R_{p-1} & R_{p-2} & \cdots & R_0 \end{bmatrix} \begin{bmatrix} \varphi_1 \\ \varphi_2 \\ \vdots \\ \varphi_p \end{bmatrix} \tag{2-14}$$

式(2-14)所示即为 Y-W 方程,可以看出只要根据给定的时间序列计算出自相关函数,就能求解出 AR(p) 模型的系数$(\varphi_1, \varphi_2, \cdots, \varphi_p)$:

$$\begin{bmatrix} R_1 \\ R_2 \\ \vdots \\ R_p \end{bmatrix} = \begin{bmatrix} R_0 & R_1 & \cdots & R_{p-1} \\ R_1 & R_0 & \cdots & R_{p-2} \\ \vdots & \vdots & \ddots & \vdots \\ R_{p-1} & R_{p-2} & \cdots & R_0 \end{bmatrix} \begin{bmatrix} \varphi_1 \\ \varphi_2 \\ \vdots \\ \varphi_p \end{bmatrix} \tag{2-15}$$

如式(2-15)所示,当模型参数很少的情况下,可直接对 Y-M 方程求逆得到 AR 模型参数。但当模型参数很多(即阶数 p 很大)时,矩阵求逆计算量很大,容易带来许多困难,如算法复杂度、运算的实时性等。考虑到式(2-15)中的系数矩阵关于斜对角线对称,是一种典型的 Toplize 型矩阵,因而,采用 L-D 递推算法求解 Y-M 方程,可提高算法的实时性。

二、模型定阶问题

模型定阶是指式(2-1)中确定模型阶数 p 的过程,主要包括以下 4 种方法。

(1)基于统计量通过判断高阶模型的残差平方和是否较低阶模型有显著性降低来确定最优的阶数。

(2)基于时间序列的相关特性进行定阶。通过判断自回归模型的自相关系数和偏相关系数的拖尾性和截尾性来确定合适的模型阶数。

(3)基于数理统计方法检验高阶模型新增加的参数是否趋于 0,然后根据模型参数的置信区间是否含零确定模型的阶数;或者可以通过检验残差平方和的相关特性等进行定阶。

(4)基于信息准则进行定阶。一般通过定义一个与 AR 模型阶数有关的特征参数,选择使该参数达到最小值的阶数作为模型的最优阶数。

基于信息准则进行定阶是目前应用最为广泛的方法,常用的信息准则包括最终预报误差(FPE)准则、赤池信息(AIC)准则和贝叶斯信息(BIC)准则。对于输入数据样本 $\{x_i, i = 1 \sim N\}$,假设模型拟合残差为 $\hat{e}_a^2$,其数学表达式如下所示:

$$\hat{e}_a^2 = \frac{1}{N - p} \sum_{t=p+1}^{N} \left(x_t - \sum_{i=1}^{N} \varphi_i x_{t-i} \right) \tag{2-16}$$

1. FPE 准则

FPE 准则是用模型的预报误差来判断 AR 模型阶数是否恰当。Akaike 用拟合的 AR 模型构成一步预测器,选取预报误差达到最小时的模型阶数作为最佳阶数:

$$\text{FRE}_p = \hat{e}_p^2 (N+p) / (N-p) \tag{2-17}$$

2. AIC 准则

AIC 准则由两项构成:第一项体现模型拟合得好坏,它随着模型阶数的增大而减小;第二项标志了模型参数的多少,它随着模型阶数的增大而增加。取二者的最小意味着对上述两个量的一种权衡。当模型阶数为 p 时,AIC 的值定义为

$$\text{AIC}(p) = N\lg \hat{e}_a^2 + 2(p+1) \tag{2-18}$$

从 $p=1$ 开始,逐渐增加阶数,当到达某个阶数 $p = p_{opt}$ 时,AIC 值最小,则 p_{opt} 为最优阶数。

3. BIC 准则

AIC 准则虽然定阶方便,但也存在不足之处,当样本数趋于无穷时,基于 AIC 准则得到的模型阶数估计值并不能依概率收敛到真值,因而,后来提出了 BIC 准则对该缺点进行改进。当模型阶数为 p 时,BIC 的值定义为

$$\text{BIC}(p) = \lg \hat{e}_a^2 + (p+1)(\lg N) / N \tag{2-19}$$

同理,在定阶时,使 BIC 的值最小的阶数 p_0 即为最佳模型阶数。

上述三个准则都是在样本长度无限大的情况下推导出来的,准则所确定的模型阶数不依赖于 AR 模型参数估计方法。但实际上,确定阶数时所用的样本是有限的,且各个定阶准则中所用的残差或者预报误差都依赖于 AR 模型的估计结果。这意味着参数估计误差与模型定阶误差会相互传播、相互作用。

第二节　波浪效应自回归模型

传统 AR 模型中,其定阶过程通常给定阶数上限 p_0,然后基于各种定阶准则计算每一个阶数 $p(p=1\sim p_0)$ 下的指标值,取最优指标值对应的阶数作为模型的阶数。一般情况下,上述各种定阶准则能够较好地基于样本数据给出较为合理的模型阶数。但对于时间序列的实时预报问题而言,这种定阶方法显然效率较低,当阶数较大时,尤其明显。为了提高 AR 模型的定阶效率,本书介绍了一种基于舰船运动记忆效应的定阶方法。

一、舰船在波浪中的运动与回归模型

与金融领域中的股票预测或者智能交通领域中的交通流量预测等不同,在船舶与海洋浮体运动极短期预报问题中,浮体运动时间序列具有较强的水波运动记忆效应特征。舰船在波浪中的运动时历,可以在时间上离散为一系列的脉冲位移,每个脉冲位移都会对水波辐射流场造成影响,受扰动的流场对浮体施加反作用力。在物体微幅运动假设下,物体所受到的水动力,不仅当前时刻物体运动引起,还包含过去时刻产生的扰动流场对当前时刻的影响,这反映了物理中的因果律。过去时刻对当前时刻的影响,称为"波浪记忆效应"。记忆效应,本质上是由波浪自由表面的存在引起的,过去时刻产生的扰动并不会立即消失,而是以辐射波的形式继续存在于流场中,继续对当前时刻的物体受力产生影响。可以想象,随着时间的增长,过去时刻产生的辐射兴波将会向外传播,其对当前时刻的贡献越来越小。

在线性理论框架下,我们用"脉冲响应函数(impulse response function, IRF)"来反映距离当前时刻为 t 的扰动对现在的影响。IRF 实际上是一系列权值,反映各个时历时刻的扰动对现在的扰动的影响。通过叠加所有过去对现在的影响,即可考虑流场的记忆效应。描述舰船运动的记忆效应时,通常将船体当作一个线性系统,波浪引起的水动力是系统的输入,而舰船的运动就是系统的输出。基于波浪效应脉冲效应函数的舰船运动方程可以表达为

$$\sum_{j=1}^{6} \left\{ (\boldsymbol{M}_{jk} + \boldsymbol{m}_{jk}) \ddot{\eta}_j + \int_0^t h_{jk}(t-\tau) \dot{\eta}_j(\tau) \mathrm{d}\tau + d_{jk}\eta_j \right\} = F_k(t) \quad (k=1,2,\cdots,6)$$

$$(2-20)$$

式中,$\boldsymbol{M}_{jk}$ 和 $\boldsymbol{m}_{jk}$ 分别为舰船的质量和与附加质量矩阵;$F_k(t)$ 是广义的水动力,包括了入射力和辐射力等;d_{jk} 表示恢复力系数;j、k 表示船舶第 j 个和第 k 个运动模态,h_{jk} 表示的是第 k 个方向对第 j 个方向运动有贡献的脉冲响应函数。

假设舰船各个自由度运动是相互独立的,则单个自由度的摇荡运动可简化为

$$(M+m)\ddot{\boldsymbol{\eta}}(t) + \int_{-\infty}^t h(\tau)\dot{\boldsymbol{\eta}}(t-\tau)\mathrm{d}\tau + D\boldsymbol{\eta}(t) = F(t) \quad (2-21)$$

式中,M 表示船体质量;m 表示船体附加质量;D 表示恢复力系数;$F(t)$ 为舰船在波浪中受到的波浪力;$\boldsymbol{\eta}(t)$、$\dot{\boldsymbol{\eta}}(t)$ 及 $\ddot{\boldsymbol{\eta}}(t)$ 分别表示舰船的运动位移、速度和加速度;$h(\tau)$ 为船舶运动

$\eta(t)$ 对应的脉冲响应函数。

应用差分算子 Δ,定义 $\Delta\eta=\eta_n-\eta_{n-1}$,用差分将式(2-21)离散并表示成有限项和的形式,有

$$\frac{\Delta^2\eta_n}{(\Delta t)^2}+h_1\frac{\Delta\eta_n}{\Delta t}+h_2\frac{\Delta\eta_{n-1}}{\Delta t}+\cdots+h_l\frac{\Delta\eta_{n-l+1}}{\Delta t}+D\eta_n=F_n \tag{2-22}$$

$$\frac{1}{(\Delta t)^2}(\eta_n-2\eta_{n-1}+\eta_{n-2})+\frac{h_1}{\Delta t}(\eta_n-\eta_{n-1})+\frac{h_2}{\Delta t}(\eta_{n-1}-\eta_{n-2})+\cdots+\frac{h_l}{\Delta t}(\eta_{n-l+1}-\eta_{n-l})+D\eta_n=F_n$$

$$\tag{2-23}$$

合并同类项得

$$[1+h_1\Delta t+D(\Delta t)^2]\eta_n+(h_2\Delta t-h_1\Delta t-2)\eta_{n-1}+(1-h_2\Delta t)\eta_{n-2}+\cdots+(h_l\Delta t-h_{l-1}\Delta t)\eta_{n-l+1}+(-h_l\Delta t)\eta_{n-l}=F_n(\Delta t)^2 \tag{2-24}$$

令 $\varphi_1=1+h_1\Delta t+D(\Delta t)^2$,$\varphi_2=h_2\Delta t-h_1\Delta t-2$,$\varphi_3=1-h_2\Delta t$,$\cdots$,$\varphi_l=h_l\Delta t-h_{l-1}\Delta t$,$\varphi_{l+1}=-h_l\Delta t$。

则上式为

$$\varphi_1\eta_n+\varphi_2\eta_{n-1}+\varphi_3\eta_{n-2}+\cdots+\varphi_l\eta_{n-l+1}+\varphi_{l+1}\eta_{n-l}=F_n \tag{2-25}$$

显然,式(2-25)为一个一阶的线性回归模型,由此可知,由于记忆效应项的存在,舰船在波浪中的运动微分方程可以用回归模型来表示,本书将式(2-25)所表示的模型称为波浪效应自回归(wave effects based auto-regressive,WEAR)模型。

本质上,WEAR 模型与 AR 模型是等效的,不同的是,WEAR 模型的阶数 l 与舰船运动的脉冲响应函数有关,它考虑了舰船本身及遭遇海况的特征,而 AR 模型的定阶一般通过信息准则来确定。

二、基于脉冲响应函数的定阶方法

式(2-25)已经证明,基于舰船在波浪中的运动方程能够推导出一个高阶的 WEAR 模型,而该模型的阶数由与脉冲响应函数相关的卷积项 $\int_{-\infty}^{t}h(t)\dot{\eta}(t-\tau)\mathrm{d}\tau$ 决定。在 WEAR 模型定阶过程中,脉冲响应函数 $h(\tau)$ 是关键。

脉冲响应函数既可以在时域中求解,也可以在频域中求解。由于在时域中直接求解脉冲响应函数 $h(\tau)$ 存在较大困难,因而,通常基于 Kramers-Kronig 关系由频域方法间接求解,其表示式为

$$h_{jk}(\tau)=\frac{2}{\pi}\int_0^{\infty}\left[\omega_e m_{jk}-\omega_e A_{jk}(\omega_e)-\frac{1}{\omega_e}d_{jk}\right]\sin\omega_e\tau\mathrm{d}\omega_e \tag{2-26}$$

式中,j、k 表示船舶第 j 个和第 k 个运动模态;h_{jk} 表示的是第 k 个方向对第 j 个方向运动有贡献的脉冲响应函数;m_{jk}、d_{jk} 分别表示无穷大频率下的船舶附加质量系数和辐射力恢复力系数,与运动遭遇频率无关;A_{jk} 为船体频域附加质量系数,与遭遇频率有关;w_e 为遭遇频率。通过上式可求出船舶摇荡运动的各个脉冲响应函数。

当 τ_0 满足 $|h(\tau_0)|<\varepsilon$,且 ε 为趋近于零的小量时,卷积项可以截断为

$$\int_{-\infty}^{t} h(\tau)\dot{\eta}(t-\tau)\mathrm{d}\tau = \int_{t-\tau_0}^{t} h(\tau)\dot{\eta}(t-\tau)\mathrm{d}\tau \qquad (2\text{-}27)$$

其积分区间为 $[t-\tau_0, t]$。该积分区间的长度 τ_0 和分段积分的时间步长 Δt 共同决定了上述 WEAR 模型的阶数。一般情况下, Δt 也指数据的采样时间间隔。

由式(2-26)可以看出, $h(\tau)$ 取决于船体附加质量系数、恢复力系数、阻尼系数,且受遭遇频率的影响。由于这些水动力系数与船型特征和遭遇频率有关,而遭遇频率与海况和船舶航速有关,因而,船舶运动脉冲响应函数与船型特征、航速及海况有关。

因此,对于某确定的船舶,根据该船的作业海况及航速可通过水动力方法获得脉冲响应函数 $h(\tau)$,根据脉冲响应函数零点确定记忆长度 τ_0,结合船舶运动时间序列的采样时间步长 Δt,便可得到式(2-25)所示 WEAR 模型的阶数 p 为

$$p = \tau_0 / \Delta t \qquad (2\text{-}28)$$

式(2-28)即为基于脉冲响应函数的定阶方法。

相比于传统 AR 模型的定阶,WEAR 模型的定阶过程基于脉冲响应函数方法,与参数估计结果无关,避免了定阶误差和参数估计误差在辨识过程中的耦合传播。

第三章 舰船及浮式平台运动非线性动力系统模拟方法

本章基于 SVR、深度学习等理论方法,提出了 5 种舰船及浮式平台运动预报模型,用于模拟舰船及浮式平台运动预报非线性动力系统。下面将逐一进行介绍。

第一节 具有混合核功能的支持向量回归舰船运动预测模型

考虑一个训练数据集,$G = \{(\boldsymbol{x}_i, y_i)\}_{i=1}^{N}$,其中 $\boldsymbol{x}_i$ 是训练数据在 n 维空间中的输入向量,$\boldsymbol{x}_i \in \Re^n, y_i \in \Re$ 是对应的实际值。G 通过非线性特征映射函数 $\varphi(\cdot): \Re^n \to \Re^{n_h}$ 映射到高维特征空间($\Re^{n_h}$)。从理论上讲,在特征空间中存在一个 SVR 函数 f,它近似于由方程(3-1)给出的训练数据和预测值(y_i)之间的关系。

$$f(\boldsymbol{x}) = \boldsymbol{w}^{\mathrm{T}} \varphi(\boldsymbol{x}) + b \tag{3-1}$$

式中,$f(\boldsymbol{x})$ 是预测值;权重 $\boldsymbol{w}(\boldsymbol{w} \in \Re^{n_h})$ 和系数 $b(b \in \Re)$ 通过最小化经验风险函数计算,由方程(3-2)给出:

$$R(f) = C \frac{1}{N} \sum_{i=1}^{N} \mathcal{L}_\varepsilon(y_i, \boldsymbol{w}^{\mathrm{T}} \varphi(\boldsymbol{x}_i) + b) + \frac{1}{2} \boldsymbol{w}^{\mathrm{T}} \boldsymbol{w} \tag{3-2}$$

式中,$\mathcal{L}_\varepsilon(y_i, f(\boldsymbol{x}))$ 代表经验风险函数(在方程(3-3)中定义),称为 ε 不敏感损失函数;C 和 ε 是调整后的参数。当预测误差小于 ε 时,损失为零。第二项 $\frac{1}{2} \boldsymbol{w}^{\mathrm{T}} \boldsymbol{w}$ 是 SVR 函数的权重,它决定了模型的平坦度。因此,C 被用来平衡经验风险与平坦度。

$$\mathcal{L}_\varepsilon(y_i, f(\boldsymbol{x})) = \begin{cases} 0, & |f(\boldsymbol{x}) - y_i| \leqslant \varepsilon \\ |f(\boldsymbol{x}) - y_i| - \varepsilon, & \text{其他} \end{cases} \tag{3-3}$$

最小化是一个二次规划问题,其中 ξ 和 ξ^* 为两个松弛变量,ε 表示实际值和边缘值之间的距离。然后,根据式(3-3)将式(3-2)转换为具有约束的标准编程形式。

$$\begin{cases} \mathrm{Min}\, R(w, \xi, \xi^*) = \dfrac{1}{2} \boldsymbol{w}^{\mathrm{T}} \boldsymbol{w} + C \sum_{i=1}^{N} (\xi_i + \xi_i^*) \\[2mm] \mathrm{s.t.} \begin{cases} y_i - \boldsymbol{w}^{\mathrm{T}} \varphi(\boldsymbol{x}_i) - b \leqslant \varepsilon + \xi_i^* \\ -y_i + \boldsymbol{w}^{\mathrm{T}} \varphi(\boldsymbol{x}_i) + b \leqslant \varepsilon + \xi_i \\ \xi_i^*, \xi_i \geqslant 0, i = 1, 2, \cdots, N \end{cases} \end{cases} \tag{3-4}$$

二次规划过程完成后,使用方程(3-5)计算参数向量 $\boldsymbol{w}$,即

$$w = \sum_{i=1}^{N} (\alpha_i^* - \alpha_i) \varphi(x_i) \qquad (3-5)$$

式中,α_i^* 和 α_i 满足等式 $\alpha_i \alpha_i^* = 0$,是拉格朗日乘数。

最后,得到对偶空间中的方程(3-6)的 SVR 回归函数:

$$f(x) = \sum_{i=1}^{N} (\alpha_i^* - \alpha_i) K(x_i, x_j) + b \qquad (3-6)$$

式中,$K(x_i, x_j)$ 是核函数,其值可以计算为特征函数 $\varphi(x_i)$ 和 $\varphi(x_j)$ 的内积:$K(x_i, x_j) = \varphi(x_i)\varphi(x_j)$。

由于数据向量映射到高维特征空间,因此核函数影响 SVR 模型的预测精度。核函数取决于数据的分布以及输入变量和输出预测变量之间的关系。由于没有关于选择核函数的理论指南,因此选择仍然是 SVR 研究中的一个重要问题。常用的核函数如下。

(1)多项式核函数,$K_{poly}(x_i, x_j) = (sx_i \cdot x_j + \overline{\omega})^d$,其中 d 表示多项式的次数,s 为斜率,$\overline{\omega}$ 为截距;

(2)高斯函数,$K_{rbf}(x_i, x_j) = \exp(-0.5 \| x_i - x_j \|^2 / \sigma^2)$,其中 σ 是标准差;

(3)模糊-S 形函数,$K_{Fsig}(x_i, x_j) = \begin{cases} +1, x_i x_j \leqslant -4 \\ \tanh(s x_i x_j + \overline{\omega}), -4 \leqslant x_i x_j \leqslant 4 \\ -1, 4 \leqslant x_i x_j \end{cases}$。

其中,tanh 是双曲正切函数。如上所述,舰船运动时间序列是复杂的、非线性的和非平稳的,因此应非常谨慎地选择核函数。单个核函数通常无法在解决复杂的舰船运动预测问题时提供令人满意的准确性。混合核函数表现出不同核函数的优点,可以同时考虑全局和局部功能。因此,通过使用全局核函数拟合预测数据和过去历史序列之间的相关性,并使用局部核函数近似邻近数据之间的相关性,提高 SVR 模型的性能。但是,使用多个混合核函数通常比使用单个核函数产生甚至更差的预测,因此对于任何特定数据,选择全局核函数和局部核函数的加权参数是很困难的。

该研究提出了一个混合核函数,该函数结合了 SVR 模型来模拟舰船运动系统。它基于上述三个核函数,如下:

$$K_{HK} = \lambda_1 K_{poly} + \lambda_2 K_{rbf} + \lambda_3 K_{Fsig} \qquad (3-7)$$

当 $\sum_{i=1}^{3} \lambda_i = 1, \forall 0 \leqslant \lambda_i \leqslant 1$ 时,SVR 模型的平均绝对百分比误差(MAPE)用作 λ_i 的权重,具有较小 MAPE 的核函数具有较大的权重。MAPE 由式(3-8)给出:

$$MAPE = \frac{1}{N} \sum_{i=1}^{N} \left| \frac{f_i(x) - \hat{f}_i(x)}{f_i(x)} \right| \times 100\% \qquad (3-8)$$

式中,N 是数据总数;$f_i(x)$ 是点 i 处的实际载荷;$\hat{f}_i(x)$ 是点 i 处的预测载荷。

λ_i 由式(3-9)给出:

$$\lambda_i = \frac{1}{M_i} / \sum_{i=1}^{3} \frac{1}{M_i} \qquad (3-9)$$

式中,M_i 是第 i 个核函数的 MAPE 值,$1/M_i$ 是第 i 个核函数的贡献。

在与 SVR 模型关联的二次规划过程中,对于大型数据集,计算和存储核函数矩阵需要大量内存和非常长的训练时间。当应用混合核函数可以提高预测准确性但降低训练效率时,会出现权衡问题。在舰船运动预测过程中,为确保预测精度,所提出的基于混合核的 SVR 模型应随训练数据的更新而进行短时间间隔的更新,并同时对其三个参数进行重新优化。因此,为了提高使用混合核函数导致的低训练效率并提高模型更新速度,本书开发了一种参数优化算法,即混沌蝙蝠新算法,用于所提出的基于混合内核的 SVR 模型,详见第四章第一节。

第二节　基于最小二乘支持向量回归的周期图估计补偿舰船运动预测模型

因为仅使用非线性模型或周期图估计方法(PEM)处理舰船运动时间序列具有周期性和强非线性,所以本书尝试将周期图方法与最小二乘支持向量回归(LSSVR)模型结合,以开发一种耦合的舰船运动时间序列预测方法,用于处理舰船运动时间序列的周期性特征并预测周期项 $Y_{\text{periodic}}(n)$。由于在处理非线性问题方面的优异表现,LSSVR 模型被用于预测 PEM 回归序列 $Y(n)$ 的残差项。预测的舰船运动时间序列值 $Y_{\text{residual}}(n)$ 由式(3-10)给出:

$$Y(n) = Y_{\text{periodic}}(n) + Y_{\text{residual}}(n) \tag{3-10}$$

式中,$Y(n)$ 是第 n 个时间点的预测值;$Y_{\text{periodic}}(n)$ 是 $Y(n)$ 的周期项;$Y_{\text{residual}}(n)$ 是 $Y(n)$ 的残差项;$n=1,2,\cdots,N,N$ 是样本的编号。

预测 $Y_{\text{periodic}}(n)$ 和 $Y_{\text{residual}}(n)$ 的方法描述如下。

一、通过 PEM 预测定期期限

舰船运动时间序列是从真实环境中获得的典型稳态随机值序列,具有很强的相关性和周期性,因此可以使用一系列周期性项和平稳随机序列来描述。PEM 使用收集的舰船运动时间序列数据来估计周期性期限并做出近似预测。舰船运动时间序列的周期项 $Y_{\text{periodic}}(n)$ 由式(3-11)给出:

$$Y_{\text{periodic}}(n) = P(n) + Z(n) \tag{3-11}$$

式中,$P(n)$ 是周期项;$Z(n)$ 是均值为零的稳态随机序列。

舰船运动系统是一个零均值系统,稳态随机序列项 $Z(n)$ 为零,因此,在基于 PEM 预测船舶运动的过程中,考虑周期项,而不必估计 $Z(n)$。为了简化问题,假设 $P(n)$ 是一个调和函数,如方程(3-12)所示:

$$Y_{\text{periodic}}(n) = P(n) = a \text{e}^{\text{j}\omega_1 nT} \tag{3-12}$$

式中,T 是采样周期;nT 是采样时间;ω_1 是谐波角频率;a 是振幅。式(3-13)是式(3-12)的矩阵形式:

$$\begin{bmatrix} Y_{\text{periodic}}(1) \\ Y_{\text{periodic}}(2) \\ \vdots \\ Y_{\text{periodic}}(N) \end{bmatrix} = \begin{bmatrix} \text{e}^{\text{j}\omega_1 T} \\ \text{e}^{\text{j}\omega_1 2T} \\ \vdots \\ \text{e}^{\text{j}\omega_1 NT} \end{bmatrix} a \tag{3-13}$$

式(3-13)可以简单地表述为式(3-14)：

$$Y = \Phi a \qquad (3-14)$$

这个问题被简化为计算 a 和 ω_1 的 $\hat{a}$ 和 $\hat{\omega}_1$。最小化目标函数 J，如方程(3-15)所示：

$$J = (Y - \Phi \hat{a})^{\mathrm{T}} (Y - \Phi \hat{a}) \qquad (3-15)$$

根据得到的 $\hat{\omega}_1$，使用式(3-16)计算 $\hat{\Phi}^{\mathrm{T}}$：

$$\hat{\Phi}^{\mathrm{T}} = [\, e^{-j\hat{\omega}_1 T} \ e^{-j\hat{\omega}_1 2T} \cdots e^{-j\hat{\omega}_1 NT} \,] \qquad (3-16)$$

然后，使用式(3-17)通过最小二乘法获得 a 的最小二乘估计值 $\hat{a}_1$：

$$\hat{a}_1 = (\hat{\Phi}^{\mathrm{T}} \hat{\Phi})^{-1} (\hat{\Phi}^{\mathrm{T}} Y) \qquad (3-17)$$

然后，J 可以重写为式(3-18)：

$$
\begin{aligned}
J &= (Y - \Phi \hat{a})^{\mathrm{T}} (Y - \Phi \hat{a}) \\
&= (Y - \Phi \hat{a}_1) - (\Phi \hat{a} - \Phi \hat{a}_1)^{\mathrm{T}} [\, (Y - \Phi \hat{a}_1) - (\Phi \hat{a} - \Phi \hat{a}_1) \,] \\
&= (Y - \Phi \hat{a}_1)^{\mathrm{T}} (Y - \Phi \hat{a}_1) + (\Phi \hat{a} - \Phi \hat{a}_1)^{\mathrm{T}} (Y - \Phi \hat{a}_1) + (\hat{a} - \hat{a}_1)^{\mathrm{T}} \Phi^{\mathrm{T}} \Phi (\hat{a} - \hat{a}_1)
\end{aligned} \qquad (3-18)
$$

式中，$(\Phi \hat{a} - \Phi \hat{a}_1)^{\mathrm{T}} (Y - \Phi \hat{a}_1) = (\hat{a} - \hat{a}_1)^{\mathrm{T}} \Phi^{\mathrm{T}} Y = 0$，因此，问题可以简述为方程(3-19)：

$$\mathrm{Min}\, J_1 = (Y - \Phi \hat{a}_1)^{\mathrm{T}} (Y - \Phi \hat{a}_1) \qquad (3-19)$$

将式(3-17)代入式(3-19)得到式(3-20)：

$$
\begin{aligned}
\mathrm{Min}\, J_1 &= [\, Y - \Phi (\hat{\Phi}^{\mathrm{T}} \hat{\Phi})^{-1} \hat{\Phi}^{\mathrm{T}} Y \,]^{\mathrm{T}} \times [\, Y - \Phi (\hat{\Phi}^{\mathrm{T}} \hat{\Phi})^{-1} \hat{\Phi}^{\mathrm{T}} Y \,] \\
&= Y^{\mathrm{T}} Y - Y^{\mathrm{T}} \Phi (\hat{\Phi}^{\mathrm{T}} \hat{\Phi})^{-1} \hat{\Phi}^{\mathrm{T}} Y
\end{aligned} \qquad (3-20)
$$

从式(3-16)，获得式(3-21)、式(3-22)和式(3-23)：

$$\hat{\Phi}^{\mathrm{T}} \hat{\Phi} = [\, e^{-j\hat{\omega}_1 T} \ e^{-j\hat{\omega}_1 2T} \cdots e^{-j\hat{\omega}_1 NT} \,] \times \begin{bmatrix} e^{-j\hat{\omega}_1 T} \\ e^{-j\hat{\omega}_1 2T} \\ \vdots \\ e^{-j\hat{\omega}_1 NT} \end{bmatrix} = N \qquad (3-21)$$

$$\hat{\Phi}^{\mathrm{T}} Y = \sum_{i=1}^{N} e^{-j\hat{\omega}_1 iT} Y(i) \qquad (3-22)$$

$$Y^{\mathrm{T}} \hat{\Phi} = \sum_{i=1}^{N} e^{-j\hat{\omega}_1 iT} Y(i) \qquad (3-23)$$

将式(3-21)、式(3-22)和式(3-23)代入方程(3-20)，将最小化 J_1 的问题转换为方程(3-24)：

$$\mathrm{Min}\, J_1 = \sum_{i=1}^{N} |Y(i)|^2 - \frac{1}{N} \left| \sum_{i=1}^{N} e^{-j\hat{\omega}_1 iT} Y(i) \right|^2 \qquad (3-24)$$

显然，这个问题等效于式(3-25)：

$$\mathrm{Max}\, J_2 = \frac{1}{N} \left| \sum_{i=1}^{N} e^{-j\hat{\omega}_1 iT} Y(i) \right|^2 \qquad (3-25)$$

$P(n)$ 和 $I_n(\omega_1)$ 的周期图满足方程(3-26)：

$$I_n(\omega_1) \triangleq \frac{1}{N} \left| \sum_{i=1}^{N} e^{-j\hat{\omega}_1 iT} Y(i) \right|^2 \qquad (3-26)$$

式中，$\hat{\omega}_1$ 是使 $I_n(\omega_1)$ 最大图像化的 ω_1 的最小二乘估计量。

将 $\hat{\omega}_1$ 代入式（3-16）和式（3-17）分别得到 $\boldsymbol{\Phi}$ 和 $\hat{a}_1$。然后,将这些参数代入方程（3-12）得到 $P(n)$。同样,计算所有周期性项。

最终,使用 PEM 对周期项 $P(n)$ 的预测如下:

第一,计算周期图,$I_n(\omega_1),P(n),n=1,2,\cdots,N$,如方程（3-27）。设 $\omega_1 \triangleq \omega_{k1} = \dfrac{2k\pi}{NT_1},k=0,1,\cdots,M$,对于各种 ω_{k1},比较 $I_n(\omega_{k1})$ 的大小。当 $I_n(\omega_{k*1}) = \max\limits_{1 \leqslant k1 \leqslant N} \{I_n(\omega_{k1})\}$ 时,设 $\omega_1 = \omega_{k*1}$,是舰船运动时间序列第一个周期项的角频率。

第二,使用最小二乘法分别得到 a_1 和 ω_{k*1} 的最小二乘估计量 $\hat{a}_1$ 和 $\hat{\omega}_1$,其中 $\boldsymbol{\Phi}^{\mathrm{T}} = [\mathrm{e}^{-\mathrm{j}\hat{\omega}_1 T_1} \ \mathrm{e}^{-\mathrm{j}\hat{\omega}_1 2T_1} \cdots \mathrm{e}^{-\mathrm{j}\hat{\omega}_1 NT_1}]$。

第三,得到第一个周期项:

$$P_{\text{periodic}}(1) = \hat{a}_1 \mathrm{e}^{\mathrm{j}\hat{\omega}_1 nT_1} \tag{3-27}$$

第四,如果舰船运动时间序列包含第二个周期项,即 $P_{\text{periodic}}(2)$,那么使用上述过程也可以得到 $\hat{a}_2$ 和 $\hat{\omega}_2$,由式（3-28）给出:

$$P_{\text{periodic}}(2) = \hat{a}_2 \mathrm{e}^{\mathrm{j}\hat{\omega}_2 nT_2} \tag{3-28}$$

第五,使用上述方法获得所有周期项。假设获得的周期函数项的数量为 Q,然后舰船运动时间序列的周期项 $Y_{\text{periodic}}(n)$ 由方程（3-29）给出:

$$Y_{\text{periodic}}(n) = \sum_{q=1}^{Q} P_{\text{periodic}}(q) = \sum_{q=1}^{Q} \hat{a}_q \mathrm{e}^{\mathrm{j}\hat{\omega}_q nT_q} \tag{3-29}$$

式中,$P_{\text{periodic}}(q)$ 是舰船运动时间序列的第 q 个周期项。

二、LSSVR 建模

1999 年,Suykens 提出了 LSSVR,这是一种基于统计理论和最小化结构风险标准的机器学习方法。LSSVR 以损失函数和误差平方作为训练集的经验损失,用等式约束代替不等式约束,将二次规划问题转化为求解线性方程的问题,提高了计算速度、收敛精度和推广能力。在本书中,LSSVR 模型用于预测 PEM 产生的残差。LSSVR 模型的预测原理如下。

假设样本数据满足 $X = \{\boldsymbol{x}_i, y_i\}_{i=1}^{n}$,其中 $\boldsymbol{x}_i \in P^d$ 为输入向量,$y_i \in P$ 为输出值,n 为数据样本个数。非线性映射函数 $\varphi(x)$,用于将样本的输入空间映射到高维特征空间。然后,将回归函数构造为公式（3-30）:

$$f(x) = \boldsymbol{w}^{\mathrm{T}}\varphi(x) + b \tag{3-30}$$

式中,b 为阈值;$\boldsymbol{w}^{\mathrm{T}}$ 为回归系数向量。

与传统的 SVR 模型不同,LSSVR 模型解决了满足公式的最小化问题。

$$\mathrm{Min}U = \frac{1}{2}\|\omega^2\| + C\sum_{i=1}^{n} \mathrm{e}_i^2 \tag{3-31}$$

$$\mathrm{s.t.} \ y_i - f(x_i) = e_i, \ e_i \geqslant 0$$

引入拉格朗日乘子 α_i,将优化问题公式转化为公式（3-32）:

$$L(\omega, b, e_i, \alpha_i) = \frac{1}{2}\|\omega^2\| + C\sum_{i=1}^{n} \mathrm{e}_i^2 - \sum_{i=1}^{n} \alpha_i(e_i + f(x_i) - y_i) \tag{3-32}$$

利用式求得 w、b、e_i、α_i 的偏导数,在 KKT(Karush-Kuhn-Tucker)最优条件下,得到线性方程(3-33)。

$$\begin{bmatrix} 0 & I' \\ IZ & Z'+C^{-1}I \end{bmatrix}\begin{bmatrix} b \\ \alpha \end{bmatrix} = \begin{bmatrix} 0 \\ y \end{bmatrix} \tag{3-33}$$

式中,$y = [y_1, y_2, \cdots, y_n]$;$I = [1, 1, \cdots, 1]$;$\alpha = [\alpha_1, \alpha_2, \cdots, \alpha_n]$;$Z = [\varphi(x_1), \varphi(x_2), \cdots, \varphi(x_n)]$。为了防止维数灾难,引入核函数 $K(x_i, x_j)$,其值为 $K(x_i, x_j) = \varphi(x_i) \circ \varphi(x_j)$。

最常用的核函数有径向基(RBF)核函数、sigmoid 核函数、线性核函数和多项式核函数。RBF 核函数可以通过人工选择合适的参数来适应随机分布的样本,是目前应用最广泛的一种核函数。因此,本书采用 RBF 核函数,其具体形式如下所示。

$$K(x,y) = \exp\left(\frac{(x-y)^2}{2\sigma^2}\right) \tag{3-34}$$

式中,σ 是核函数的参数。

然后,得到 LSSVR 模型的回归函数公式:

$$f(x) = \sum_{i=1}^{n} \alpha_i K(x_i, x) + b \tag{3-35}$$

舰船运动时间序列的残差项 $Y_{\text{residual}}(n)$ 由公式(3-36)给出:

$$Y_{\text{residual}}(n) = f(x) = \sum_{i=1}^{n} \alpha_i K(x_i, x) + b \tag{3-36}$$

基于上述简单的建模过程,LSSVR 涉及两个正则化参数:分别是 C 和径向基核函数 σ。LSSVR 模型的预测性能与 C 和 σ 这两个参数的选择密切相关。C 的目的是平衡学习机的置信范围和经验风险。如果 C 值太大,那么目标只是最小化体验风险。当 C 值过小时,与经验误差相关的惩罚就很小,从而增加了经验风险。σ 控制高斯函数的宽度和训练数据的分布范围。σ 越小,结构风险越大,导致过拟合。因此,LSSVR 参数选择一直是提高 LSSVR 模型预测精度的关键。

在传统方法中,LSSVR 模型的参数主要由网格搜索和先验搜索经验确定。然而,网格搜索方法的计算复杂度较大,因此这两种方法都不能保证找到全局最优解。参数优化是提高 LSSVR 模型预测精度的有效方法之一,同时也需要提高 LSSVR。因此,LSSVR 参数优化一直是研究的热点。

第三节　基于经验模态分解和混合深度
学习网络的舰船运动预测模型

一、基于经验模态分解的舰船运动时序分解

由于风、浪、流等复杂因素的影响,船舶的六自由度运动表现出高度非线性和非平稳性的特点。如何有效地处理舰船运动时间序列,直接影响预测模型的预测精度。经验模态分解(EMD)技术可以将复杂的时间序列数据分解为有限数量的内涵模态分量(IMF)。IMF

组件是具有时变频率的振荡函数,可以反映非平稳时间序列数据的局部特征。因此,通过 EMD 将舰船运动的时间序列分解为多个 IMF 分量,可以降低深度学习模型特征的学习难度。IMF 有两个要求,第一个是包络线的平均值在任何时候都是零,另一个是相邻的零交叉点之间只有一个极值点。EMD 的具体计算流程如下:

步骤 1 找到原始数据 $X(t)$ 的所有极值点形成局部最大序列 $X_{max}(t)$ 和局部最小序列 $X_{min}(t)$。根据三次样条插值,所有最大值连接到上包络线,最小值连接到下包络线。

步骤 2 根据公式计算上包络线和下包络线的平均值 $m_1(t)$,并根据公式计算 $h_1(t)$。如果 $h_1(t)$ 符合 IMF 的两个要求,则可以将其视为第一组成部分。

$$m_1(t) = \frac{X_{max}(t) + X_{min}(t)}{2} \tag{3-37}$$

$$h_1(t) = X(t) - m_1(t) \tag{3-38}$$

步骤 3 如果不满足 IMF 组成部分的要求,则使用 $h_1(t)$ 作为原始数据。重复步骤 1 和步骤 2 K 次,直到 $h_1 K(t)$ 满足 IMF 要求,并且 $h_1 K(t)$ 为 IMF_1。同时,残差序列由 $r_1(t) = X(t) - h_1 K(t)$ 得到。

步骤 4 重复上述步骤,直到 $r_n(t)$ 是单调函数或小于预定误差。在这种情况下,可以获得 IMF 分量和残差分量,$X(t)$ 可以表示为

$$X(t) = \sum_{i=1}^{n} IMF_i(t) + r_n(t) \tag{3-39}$$

二、基于 CNN-GRU 的 IMF 成分预测网络构建

原始舰船运动时间序列具有明显的非平稳和非线性特征,直接采用特征提取方法操作难以完全提取其丰富信息,这也会导致最终预测精度下降。EMD 分解后,原始时间序列成为多个 IMF 的线性叠加,降低了序列的复杂性,使深度学习方法提取的特征更具代表性。考虑到 CNN 和门控循环单元(GRU)在处理时间序列方面的不同优势,本书结合 CNN-GRU 构建 IMF 成分预测网络。在 CNN-GRU 网络中,利用 CNN 提取 IMF 成分的空间特征,选择 GRU 提取 IMF 成分的时间特征。

基于 CNN-GRU 的 IMF 成分预测网络计算图如图 3.1 所示,计算过程如下。

步骤 1 使用输入层处理 IMF 序列,使其符合 CNN 输入类型。

步骤 2 CNN 卷积层提取 IMF 序列的空间特征,最大池化层用于下采样以降低数据维度,全连接层用于扁平化。

步骤 3 通过 GRU 提取扁平序列,得到隐藏层不同时间的输出序列。

步骤 4 隐藏的输出序列通过全连接层映射到结果,并通过输出层输出。

以上是 CNN-GRU 网络的计算流程,包括 CNN 和 GRU 计算两部分。CNN 的卷积计算如方程(3-40)所示,其中 x_{ij}^k 表示 k 层第 i 个特征图上第 j 维的值,w_{ipq}^k 是 k 层的滤波器权重值,b_i^k 为偏差,C 表示滤波器的大小,D 表示特征图的深度。最大池化是每次在第 i 个特征图 x_i 上获取固定数量的数据以进行下采样的操作。第 n 个维度的池化输出显示在方程(3-41)中,其中 m 表示池化的大小,s 是池化步长。池化前的维度 D_b 与池化后的维度 D_a 之间的关系如方程(3-42)所示:

$$x_{ij}^k = \varphi\Big(\sum_{p=1}^{D_{k-1}} \sum_{q=1}^{C} w_{ipq}^k \cdot x_{pj+q}^{k-1} + b_i^k \Big) \tag{3-40}$$

$$x_{in}' = \max\big[\, x_{i,j}, x_{i,j+1}, \cdots, x_{i,j+m} \,\big]\,\big|_{j=(n-1)s+1} \tag{3-41}$$

$$D_a = (D_n - m)/s + 1 \tag{3-42}$$

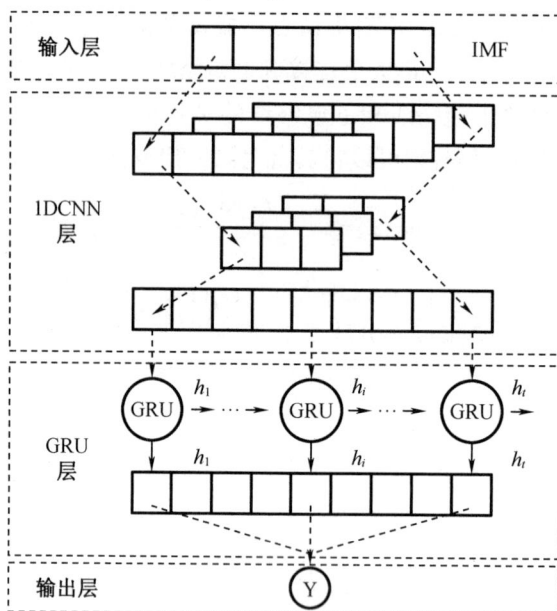

图 3.1　基于 CNN-GRU 的 IMF 成分预测网络计算图

池化层的输出是由不同的一维特征图组成的二维张量。为了满足 GRU 的输入要求,它被展平为一维序列。GRU 的计算如式(3-43)至式(3-46)所示,其中 h_t 是时间 t 的隐藏状态, x_t 是时间 t 处的 GRU 输入, $\widetilde{h}_t$ 是候选状态, W_z 、 W_r 、 W_t 和 W 是要训练的权重矩阵, φ 是激活函数, z_t 和 r_t 分别表示更新门和复位门。GRU 的输出层是一个二维张量,由不同时间的隐藏输出组成 $[h_1, h_2, \cdots, h_t]$ 。通过全连接层的权重矩阵将映射压缩到输出层的维度中,其计算结果如式(3-47)所示。

$$z_t = \varphi\big(W_z \cdot [\, h_{t-1}, x_t \,] \big) \tag{3-43}$$

$$r_t = \varphi\big(W_r \cdot [\, h_{t-1}, x_t \,] \big) \tag{3-44}$$

$$\widetilde{h}_t = \tanh\big(W \cdot [\, r_t * h_{t-1}, x_t \,] \big) \tag{3-45}$$

$$h_t = (1 - z_t) * h_{t-1} + z_t * \widetilde{h}_t \tag{3-46}$$

$$Y = [\, h_1, h_2, \cdots, h_t \,] \cdot W_t \tag{3-47}$$

三、基于 EMD-CNN-GRU(ECG)的混合预测模型

在第二部分中,原始的舰船运动时间序列被分解为 IMF 的多个组成部分,并按 EMD 进行残差。同时,为每个分解序列建立独立的 CNN-GRU 预报网络。考虑到各分量序列的非线性特征不同,建立了不同结构的 IMF 独立预测模型,并最终集成到 ECG 混合预测模型中。每个独立模型只服务于一个分量,最终的预测结果是通过将每个模型的输出相加得到的。

ECG 混合预测模型结构如图 3.2 所示。

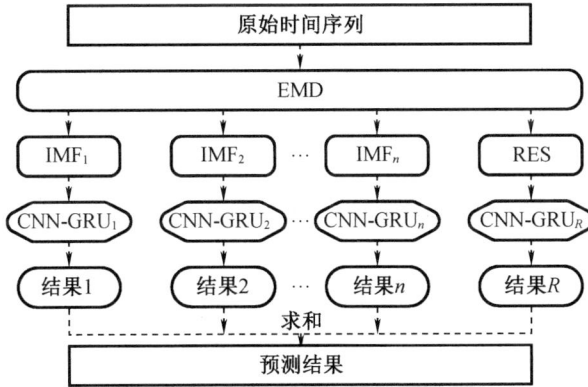

图 3.2　ECG 混合预测模型结构图

四、模型损失函数和训练算法

考虑到 IMF 分量是一个连续序列,因此可以选择均方误差(MSE)作为 CNN-GRU 模型的损失函数。MSE 计算如方程(3-48)所示,其中,x_i 是实际值,$\hat{x}_i$ 是预测值。选择 Adam 算法作为模型训练算法,损失函数 Loss 可表示为

$$Loss = \frac{\sum_{i=1}^{n}(x_i - \hat{x}_i)^2}{n} \tag{3-48}$$

虽然本节已经建立了 ECG 混合预测模型,但模型的复杂超参数对其预测精度有很大影响。如何合理选择超参数,如滤波器数量、过滤器大小、GRU 隐藏层节点数量等,关系模型的预测性能。因此,在第四章第三节中建立了一种基于改进蝴蝶优化算法的 ECG 模型超参数优选方法。

第四节　基于注意力机制和混合深度学习网络的舰船运动预测模型

一、利用 CNN 提取舰船运动时间序列的空间特征

当舰船在三维不规则波浪中运动时,受风、波、流和舰船机动的综合作用,其运动时间序列表现出非线性和非平稳特征。非平稳特性主要表现为舰船运动平衡位置的波动。虽然这些特征可以作为舰船运动时间序列的代表特征,但仍要人为地获得所需的特征。一般来说,机器学习的传统特征工程方法具有较高的复杂性和主观因素,因此忽略或破坏原始特征很容易被淘汰。然而,特征工程使用深度学习解决了这个问题。一维卷积神经网络(1DCNN)可以方便自主地学习并提取舰船运动时间序列数据的整体结构特征。同时,由于

卷积核的权重共享,降低了 1DCNN 的计算复杂度,减少了过度拟合。时间序列由 1DCNN 进行复杂和池化,以生成新的特征序列,这些特征将被输入 GRU 中。1DCNN 的三种主要方法是全卷积、相同卷积和有效卷积。由于全卷积增加了序列的维数,并且有效卷积可能导致序列信息的丢失,因此本书使用相同卷积方法来考虑序列信息的计算效率和完整性。 1DCNN 包括一维卷积层、池化层和全连接层;其卷积是使用方程(3-49)计算的,其中, $E(k-1)$ 是第 $k-1$ 个卷积层的深度; S 是过滤器的大小; $\omega_{ipq}^{(k)}$ 是滤波器的权重; $x_{pj+qx}^{(k)}$ 是第 k 层的输入; $b_i^{(k)}$ 是滤波器的偏置; φ 是激活函数。图 3.3 显示了 1DCNN 的组成。

$$h_{ij}^{(k)} = \varphi\Big(\sum_{p=1}^{E(k-1)} \sum_{q=1}^{S} \omega_{ipq}^{(k)} x_{pj+qx}^{(k)} + b_i^{(k)} \Big) \tag{3-49}$$

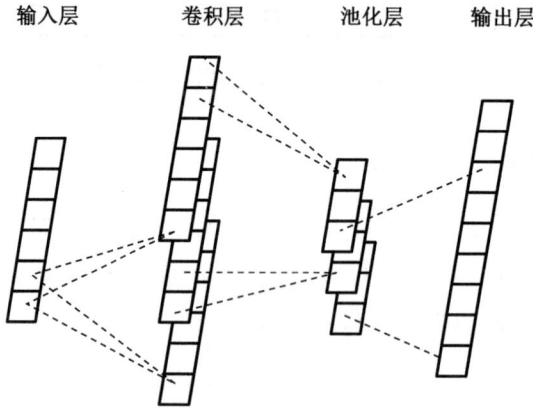

图 3.3　1DCNN 的组成

二、利用 GRU 提取舰船运动时间序列的时间特征

舰船运动的来源是随机波,舰船运动部分是对波激发的响应。受海洋中波浪周期性运动的影响,舰船运动也表现出周期性。大多数海洋是不规则的,因此舰船运动在它们及其他复杂因素的影响下表现出可变的周期性,使得手动表达时间特征变得困难。因此,本书使用 GRU 来提取时间特征。在序列建模中,GRU 在网络中引入了复位门和更新门,使其优于传统的 RNN。当使用固定数量的参数时,GRU 在训练时间和参数更新方面优于 LSTM。

复位门控制前一时刻隐藏状态信息的保留程度,值越小,保留越少。更新入口控制先前隐藏状态信息和当前候选状态信息对当前隐藏状态的影响,值越大,对上一个隐藏状态的影响越小。GRU 的门和状态使用方程(3-50)至方程(3-53)计算。其中, h_{t-1} 为时间 t 的隐藏状态; x_t 是 GRU 输入; $\tilde{h}_t$ 是候选状态; W_z、 W_r 和 W 是要训练的权重矩阵; φ 是激活函数; z_t 和 r_t 分别表示更新门和复位门。图 3.4 显示了 GRU 结构,其中 $\otimes$ 表示元素的乘法。

$$z_t = \varphi(W_z \cdot [h_{t-1}, x_t]) \tag{3-50}$$

$$r_t = \varphi(W_r \cdot [h_{t-1}, x_t]) \tag{3-51}$$

$$\tilde{h}_t = \tanh(W \cdot [r_t * h_{t-1}, x_t]) \tag{3-52}$$

$$h_t = (1-z_t) * h_{t-1} + z_t * \tilde{h}_t \tag{3-53}$$

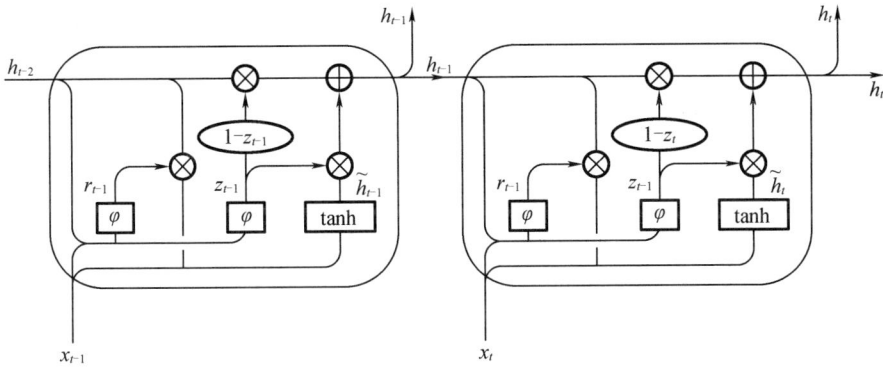

图 3.4　GRU 的组成

三、基于注意力机制的舰船运动时间序列控制特征影响

舰船运动受风、波浪和水流等复杂因素的影响。这些因素对舰船运动的影响不同,不能从时间序列中直接推导出来。当时间特征提取完成后,模型得到舰船运动的多个高维时间特征,区分和理解它们是很困难的。引入注意力机制(AM)是为了解决各特征对舰船运动影响不同的问题。

在处理视觉信号时,人脑专注于关键区域以获取关键信息,而选择性地忽略非关键区域。从本质上讲,深度学习中的 AM 类似于人类选择性视觉 AM。它将更多资源分配给关键特征向量,以增加其效果,提高模型的有效性。尽管存在许多实现增材制造的方法,但其核心思想保持不变。在本书中,AM 是使用方程(3-54)至方程(3-56)实现的,其中 H 是矩阵$[h_1, h_2, \cdots, h_t]$的 GRU 隐藏层输出;W_H 是要训练的权重矩阵,h^* 是注意力层的输出。

$$M = W_H \cdot H \tag{3-54}$$

$$\alpha = \mathrm{softmax}(M) \tag{3-55}$$

$$h^* = \alpha \otimes H \tag{3-56}$$

softmax 是一个归一化指数函数,用于将动作向量映射到 0 到 1 之间的概率分布。计算公式由式(3-57)给出。对于矩阵,softmax 根据需要在行或列中映射。在注意力机制的实现中,所需的权重矩阵参数是由网络训练而不是人为指定的,确保注意力权重是客观确定的。

$$P(m_i) = \frac{\mathrm{e}^{m_i}}{\displaystyle\sum_{j=1}^{t} \mathrm{e}^{m_j}} \tag{3-57}$$

四、模型损失函数及优化算法

预测模型用于求解回归问题,因此使用均方误差(MSE)作为损失函数。MSE 由式(3-58)给出,其中,x_i 是实际值,$\hat{x}_i$ 是相应的预测值。深度学习模型优化算法使用 Adam 算法。

$$\mathrm{Loss} = \frac{\displaystyle\sum_{i=1}^{n}(x_i - \hat{x}_i)^2}{n} \tag{3-58}$$

五、C&G&A 舰船运动混合预测模型

图 3.5 显示了本书提出的 C&G&A 舰船运动混合预测模型。该模型主要包括 IDCNN 层、GRU 层和注意力机制层。首先,将舰船运动时间序列经过预处理后输入 1DCNN 层,通过卷积和池化操作自动提取特征,从而降低数据的维数,获得特征向量。其次,将新的特征向量输入 GRU 层,通过 GRU 进行时间特征的提取。然后,将 GRU 隐藏层在不同时间的输出重构为新的矩阵,并利用注意力机制层中的 softmax 函数得到注意力权重矩阵。由于舰船运动的相似时刻影响更强,因此使用非共享注意力权重来分配注意力资源。最后,将得到的权重矩阵和重组矩阵乘以元素,通过映射输出层得到输出。在深度学习模型中,超参数的确定直接影响模型的预测精度,网络训练的难度表现为超参数选择的难度。神经网络超参数的调整需要许多实践经验,为了消除因素的主观判定,本书提出一种基于 GCWOA 的深度学习模型超参数优化方法,以取代人工超参数调整,它将在后面部分阐明。

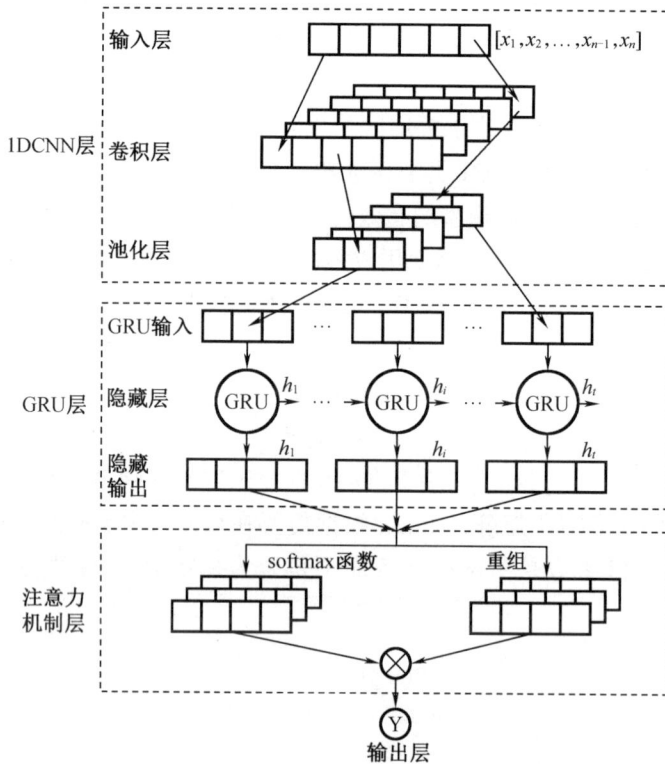

图 3.5　C&G&A 舰船运动混合预测模型

第五节　基于集成经验模态分解和 ConvLSTM 的浮式平台运动预测模型

一、ConvLSTM 浮式平台运动预测网络

(一) 浮式平台运动非线性动力系统特性分析

在浮式平台服役期间,浮式平台运动在其工作荷载和锚固系统下,特别是在风、浪、流耦合下,是一个极其复杂的非线性动力系统。从时间上看,由于其固有频率和运动惯性,未来浮式平台运动值与前序时间重要时刻的运动值有很大的相关性。同时,从空间角度看,其运动受风、浪、流、系泊系统等空间因素的影响。未来浮式平台运动的价值也与空间因子密切相关,因此,浮式平台运动非线性动力系统具有很强的时空特性。准确预测浮式平台运动的关键是识别和模拟浮式平台运动非线性动力系统的时空分布特征。Yann Lecun 提出了一种 CNN,并将其应用于手写数字识别(MINST)。CNN 的结构与传统神经网络的不同之处在于,该网络包括一个特征提取过程,该过程由卷积层和池化层协同完成。卷积层由几个卷积单元组成,这些单元通过反向传播算法进行优化,但池化操作主要用于卷积后的降维,这可以被视为一个特殊的卷积过程,因此,CNN 对空间特征识别有很大的影响。考虑到浮式平台运动非线性动力系统的演化规律在很大程度上受到空间中风、波和流的影响,为了更好地识别和学习浮式平台运动非线性动力学系统的演化定律,本书试图模拟风、波、流等空间因素对浮式平台运动非线性动态的影响机制。

为了解决串行数据的处理和估计问题,本书拟采用循环神经网络(RNN)对浮式平台运动非线性系统进行模拟,该网络可以描述串行数据的时间特性。与传统的神经网络和 CNN 相比,RNN 的特殊网络结构可以记忆前期信息,其输出不仅取决于当前输入,还依赖于前期信息,即输出由前期信息和当前输入决定,具有动态特性和记忆功能。RNN 可以有效地分析和处理短时间序列,但是在分析和处理维度过长的时间序列时,可能会出现"梯度消失"或"梯度爆炸"现象。针对这一问题,Grave 提出了一种改进的 RNN 结构,命名为 LSTM 神经网络,通过在隐藏层中增加记忆单元(遗忘门、输入门和输出门),可以控制时间序列的记忆,改善 RNN 的长期记忆不足。

考虑到浮式平台运动非线性动力系统,由于其短时间的惯量与波浪在长时间内引起的周期性的耦合效应具有明显的时间序列特征,也就是说,未来时间的浮式平台运动值将受到前几次运动值的较大影响,以及考虑到 LSTM 在处理时间序列问题方面的优异性能,本书尝试利用 LSTM 模拟浮式平台运动非线性动力系统在时间上的演化机制。因此,根据浮式平台运动非线性动力系统的时空特性,构建一种基于 CNN 和 LSTM 的更高效的组合网络结构是实现浮式平台运动非线性动力系统精确仿真的关键。

Shi 等提出了卷积长短期记忆神经网络模型来解决降水预报问题。一开始,采用全连接长短记忆模型(FC-LSTM)解决了这一问题,但由于 FC-LSTM 没有考虑空间相关性,包含

大量冗余空间数据,导致预测效果较差。因此在 FC-LSTM 的基础上,提出了 ConvLSTM,以建立时间关系,同时描述局部空间特征。ConvLSTM 的本质与 FC-LSTM 相同,上层的输出作为下层的输入。不同的是,该模型增加了卷积运算,使其获得了 LSTM 建立时间关系的能力和 CNN 描述局部空间特征的能力,正好适用于识别和学习具有时空特征的浮式平台运动非线性动力系统。因此,为了解决浮式平台运动预测问题,将 ConvLSTM 引入浮式平台运动预测领域,构建 ConvLSTM 网络架构,制定输入向量编码规则,设计混合学习和预测过程,实现对浮式平台运动非线性动力系统时空特征的识别和学习,完成浮式平台运动非线性动力系统的仿真,实现浮式平台运动的准确预测。

前两个维度的三维张量是空间维度(行和列),后一个维度是时间维度,这是 ConvLSTM 网络的显著特征。输入和状态可以看作是空间网格上的向量。ConvLSTM 网络通过在空间-时间序列中输入过去时间的状态矩阵来确定未来的某个矩阵状态,如图 3.6 所示。这种设计的一个优点是,所有输入和输出元素都是三维张量,它保留了空间信息,同时仍然使用递归视角。

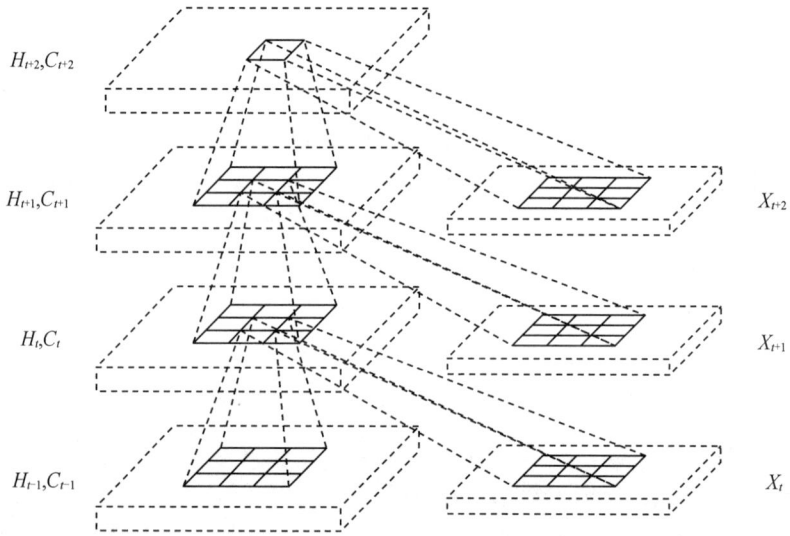

图 3.6 ConvLSTM 内部结构图

ConvLSTM 网络通过输入和相邻单元的过去状态来确定网格中单元的未来状态。具体方法如式(3-59)至式(3-63)所示。

$$i_t = \sigma(W_{xi} * X_t + W_{hi} * H_{t-1} + W_{ci} \circ C_{t-1} + b_i) \tag{3-59}$$

$$f_t = \sigma(W_{xf} * X_t + W_{hf} * H_{t-1} + W_{cf} \circ C_{t-1} + b_f) \tag{3-60}$$

$$C_t = f_t \circ C_{t-1} + i_t \circ \tanh(W_{xc} * X_t + W_{hc} * H_{t-1} + b_c) \tag{3-61}$$

$$o_t = \sigma(W_{xo} * X_t + W_{ho} * H_{t-1} + W_{co} \circ C_t + b_o) \tag{3-62}$$

$$H_t = o_t \circ \tanh(C_t) \tag{3-63}$$

式中,i、f、c 和 o 分别是输入门、遗忘门、控制单元和输出门;σ 是非线性激活函数;X 是时间 t 的输入;W_{xi}、W_{hi}、W_{ci}、W_{xf}、W_{hf}、W_{cf}、W_{xc}、W_{hc}、W_{xo}、W_{ho} 和 W_{co} 是权重矩阵;"$*$"是卷积和的符号;"$\circ$"是 Hadamard 乘积的符号;H_{t-1} 是时间 t 的输入;o 是输出门中的选通信息。

（二）ConvLSTM 浮式平台运动预测网络的设计

基于 ConvLSTM 网络,浮式平台运动非线性动力学系统时空分布的特征提取方法是通过叠加多个 ConvLSTM 层来形成编码预测结构,并在输入到状态和状态到状态的转换中具有卷积结构。在处理时间相关性时,避免了浮式平台运动非线性动态系统的大量空间数据冗余,提高了特征提取的效率和准确性。

1. ConvLSTM 浮式平台运动预测网络的整体分层结构设计

ConvLSTM 层是执行时空模式识别的层,能够分析和处理浮式平台运动时空序列的整个过程中携带的相关信息。即使时空序列在时间尺度上具有长尺度,它仍然可以保持状态并减少内存丢失的影响。随着神经元状态中信息的不断传输,信息将判断其是否会通过"门"结构传输到下一个神经元状态,并决定是否同时添加新信息。基于上述方法,ConvL-STM 实现了时间上的记忆功能,并防止了梯度的消失。在 ConvLSTM 层中设置一个三维最大池层,可减少训练时间,提高其处理稀疏数据的能力。三维最大池层由内核大小和步长控制。在接下来的训练中,从帧中提取最重要的特征,并将其组合为一个特征。ConvLSTM 层的关键参数主要是时间步长和网络深度,它们与浮式平台运动的时空序列密切相关,由时空序列的特性决定,它们的选择决定了模型的预测精度。

2. ConvLSTM 浮式平台运动预测网络的卷积层结构设计

ConvLSTM 浮式平台运动预测网络的空间特征提取能力由卷积核的属性决定。在训练和学习过程中,卷积核的大小和数量等关键参数极大地影响了最终识别的特征效果。卷积核的本质是具有相同边长的矩阵,并且矩阵的大小通常是奇数,边长越大,视野越大,可以捕获的图像信息越多,训练效果越好。但同时,随着卷积核大小的增加,模型的深度会增加,这将大大增加计算量,减缓训练过程,不利于训练深度模型。此外,如果卷积核过大,可能会丢失一些局部特征信息,并可能出现过拟合现象,因此,上述超参数的设置极大地影响了卷积网络的学习能力。本书将建立一种新的智能算法来优化上述参数。

3. ConvLSTM 浮式平台运动预测网络的损失函数选择

在构建 ConvLSTM 浮式平台运动预测网络的过程中,根据浮式平台运动时间序列的强非线性特性,使用均方根误差(RMSE)作为损失函数,如式(3-64)所示。在训练过程中,通过计算训练的浮式平台运动时空分布矩阵与真实时空分布矩阵之间的均方根误差 RMSE 来调整特征提取方法的拟合程度。

$$\text{RMSE} = \sqrt{\frac{1}{M} \sum_{i=0}^{M} (x_i - \hat{x}_i)^2} \tag{3-64}$$

式中,M 是浮式平台运动时空序列的长度;x 和 $\hat{x}$ 分别是浮式平台运动的真值和相应的模型拟合值。

（三）时空序列编码规则的制定

如前所述,ConvLSTM 网络的前两个维度的三维张量是空间维度(行和列),后一个维度是时间维度。为了满足 ConvLSTM 网络的训练要求,需要对浮式平台运动时间序列及其影响因素进行处理。考虑到影响浮式平台运动的三个因素即风、波和流,风和波是主要的控制因素,本书以有效风速和有效波高为横坐标,构建了一个空间网格,统计每个单位网格中每次对应的浮式平台运动值,得到浮式平台运动时空序列。通过构建上述浮式平台运动时空序列,一方面可以反映波浪和风的变化对浮式平台运动值的影响,另一方面也可以反映浮式平台运动值历史序列对其未来值的影响。同时,它可以满足 ConvLSTM 网络对数据格式的需求。浮式平台运动时空分布序列构建示意图如图 3.7 所示。

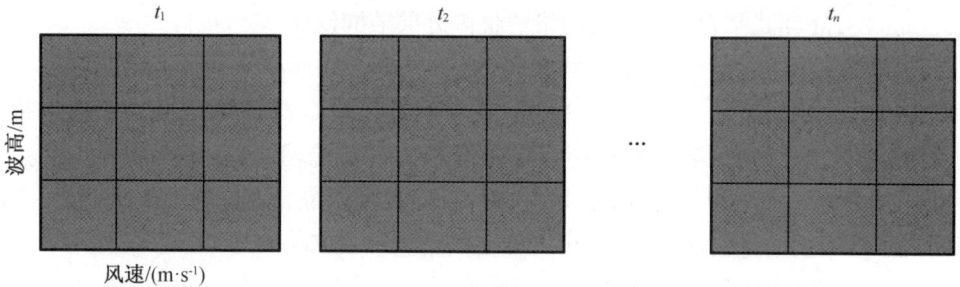

图 3.7　浮式平台运动时空分布序列构建示意图

(四) ConvLSTM 浮式平台运动预测网络的体系结构

ConvLSTM 浮式平台运动预测网络基于浮式平台运动的时空序列和空间影响因素(风和波)建立浮式平台运动时间序列,利用 ConvLSTM 浮式平台运动预测网络识别浮式平台运动时空分布的特征,并通过损失函数不断调整优化参数,实现了对浮式平台运动时空分布特征的研究,然后对其进行预测。预测方法中的 ConvLSTM 浮式平台运动预测网络由两部分组成,一部分是编码网络,另一部分是预测网络,如图 3.8 所示。图 3.9 显示了预测网络中 ConvLSTM 单元的细节。这两部分网络是通过几个 ConvLSTM 层的叠加来构建的,并且编码网络的最终状态将被复制到预测网络中。由于预测的目标矩阵与输入矩阵具有相同的空间维度,因此可以连接预测网络中的所有状态,然后将它们转移到卷积层以生成最终预测。

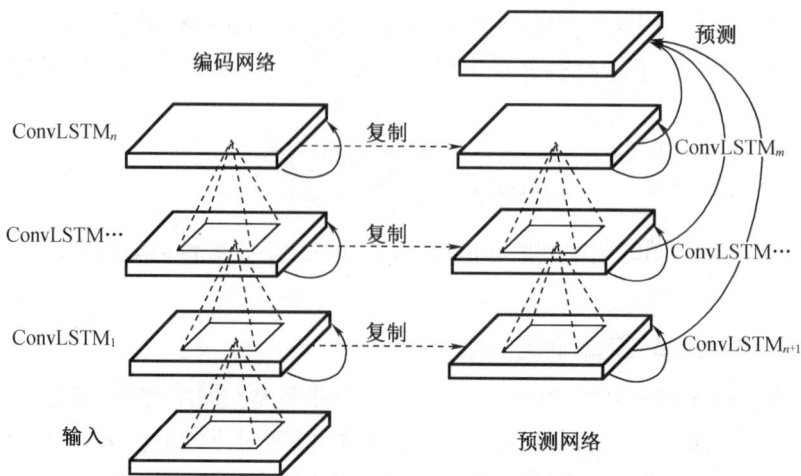

图 3.8　基于 ConvLSTM 浮式平台运动预测网络的预测框架

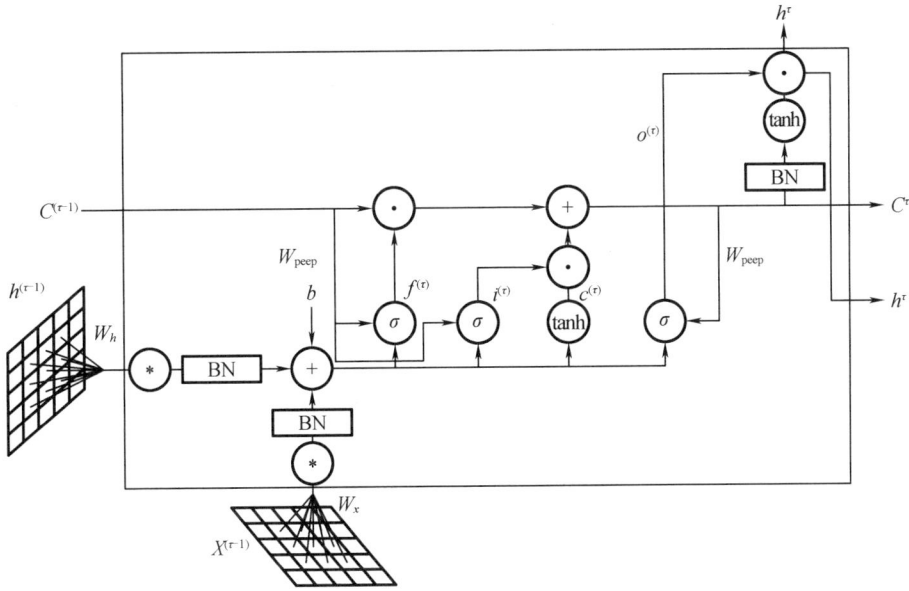

图 3.9　ConvLSTM 层

二、EEMD-ConvLSTM 浮式平台运动预测模型的构建

浮式平台运动时间序列可以理解为由风、浪和流耦合作用引起的多模态序列,特别是在波浪和风频繁变化的情况下。EMD 是 Huang 等提出的一种新的信号预处理分析方法,广泛应用于非平稳和非线性信号处理。EMD 的本质是逐步分解信号中不同频率的波动或趋势,最终得到不同频率的固有模函数。与其他非平稳分析方法相比,EMD 分解方法具有适应性、完备性和正交性三个优点。然而,这种分解方法存在模态混叠现象,使得通过分解位置获得的 IMF 分量缺乏物理意义,进而影响预测精度。为了改进 EMD 模型,Wu 和 Huang 提出了集成经验模式分解(EEMD)算法。该算法的关键是将白噪声序列引入原始信号中,并利用白噪声频谱的均匀分布大大减少 IMF 分量的模态混叠。这个过程需要多次重复,并且可以对 EMD 分解结果进行平均,以很好地抵消零均值白噪声对分解结果的影响。

针对浮式平台运动非线性动力系统由于风、波、流和系泊系统的耦合作用而具有周期性、非线性和非平稳性的特点,并考虑到 EEMD 在时间序列模态分解位置上的优异性能,在使用 ConvLSTM 网络进行识别和学习之前,本书采用 EEMD 对浮式平台运动时间序列进行了平滑处理。EEMD-ConvLSTM 浮式平台运动预测模型的预测过程设计如下:首先,EEMD 将浮式平台运动时间序列分解为多个 IMF 分量和一个残差分量,从而在一定程度上消除了原始序列随机干扰的影响,提高了浮式平台运动时间序列的预测精度;其次,为每个组件建立相应的 ConvLSTM 进行训练;最后,将训练后的 ConvLSTM 应用于每个分量的预测,并将每个分量的预报值相加以获得最终的预报值。具体流程如图 3.10 的训练和预测过程所示。

步骤 1　通过 EEMD 方法将浮式平台运动的原始时间序列数据 $x(t)$ 分解为 n 个 IMF 分量 $c_j(t)$ ($j=1,2,\cdots,n$) 和一个残差序列 $r(t)$,然后将这些分量分解为训练集和测试集。EEMD 算法的具体分解步骤如下:

步骤 1-1　参数初始化,设置 EMD 分解次数为 m,白噪声标准差为 α(一般为原始信号标准差的 0.1~0.4 倍)。

步骤 1-2　将均值为零、标准差为 α 的随机白噪声序列多次与原始信号 $x(t)$ 相加,得到新的序列 $x_i(t)$,并根据上述 EMD 算法进行分解,得到相应的 IMF 分量 $c_{ij}(t)$ 和残差分量 $r_i(t)$,其中,$c_{ij}(t)$ 表示在引入第 i 个白噪声之后分解的第 j 个 IMF 分量。

步骤 1-3　对 m 次的 EMD 分解结果进行积分和平均,以消除白噪声的影响,最终的 EEMD 分解结果为

$$c_j(t) = \frac{1}{m} \sum_{i=1}^{m} c_{ij}(t) \tag{3-65}$$

步骤 2　为每个 IMF 分量和残差分量建立并训练相应的 ConvLSTM 网络。

步骤 3　将每个分量输入相应的 ConvLSTM 网络进行预测,并将每个分量的预测值相加作为最终预测值。$\tilde{x}(t) = \sum_{1}^{j=n} \tilde{c}(t) + \tilde{r}(t)$ 是最终预测值,$\tilde{c}_j(t)$ 和 $\tilde{r}$ 分别是 IMF$_i$ 和残差分量的预测值。

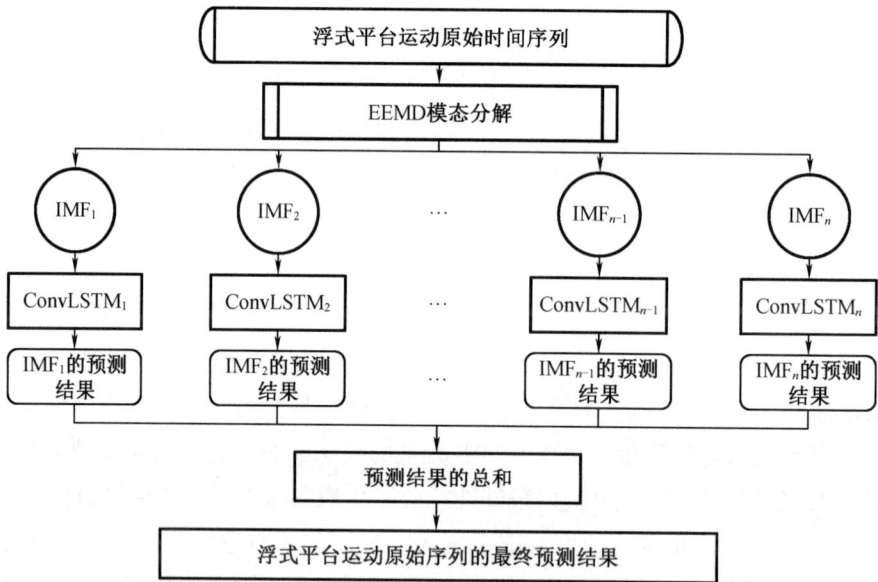

图 3.10　EEMD-ConvLSTM 浮式平台运动预测模型的训练和预测过程

第四章 舰船及浮式平台运动智能预报模型的超参优选方法

针对第三章模型超参的优选难题,本章基于智能优化算法,面向每一个舰船及浮式平台运动预报模型特点,提出了超参专属优选方法。

第一节 基于混沌蝙蝠新算法的混合核 SVR 模型超参优选方法

一、混沌高效蝙蝠算法

受到蝙蝠独特的定位能力的启发,Yang 开发了蝙蝠算法(bat algorithm, BA)。当蝙蝠捕猎时,它会发出声音信号,并分析其回声的特征,包括频率、响度和脉冲发射率,以估计声音接触和反弹的物体的类型和位置。BA 从全局搜索开始,通过增加脉冲发射率和降低响度,将全局搜索转化为局部搜索,以提高猎物位置的准确性。BA 中的全局搜索使用声波频率 F_i 进行控制,使用脉冲发射率 $R(i)$ 和响度 $A(i)$ 进行局部搜索,并使用指定的响度衰减系数和脉冲发射率激励系数进行调整。

BA 执行本地搜索并更新解决方案,同时降低响度和提高脉搏率。但是,局部搜索的概率随着脉冲速率的增大而减小,更新解的概率随着响度的减小而减小,这反映了蝙蝠的猎取过程可以加速收敛,保证算法在过程开始时摆脱局部最优。

(一)标准 BA 的局限性

原始 BA 的优化能力取决于蝙蝠之间的相互作用,但缺乏突变机制,不利于个体跳出被困的局部最优。因此,个体倾向于迅速接近种群中的超级蝙蝠,极大地降低了种群多样性。当蝙蝠接近超级蝙蝠时,趋同率大大下降,甚至为零,因此蝙蝠种群停止进化。这种现象被称为"早熟"。当蝙蝠非常接近搜索到的最优解时,它们的脉冲发射率会增加,它们的新位置将成为与最优解相关的随机位置。因此,无法保证遍历搜索,特别是在地形复杂的高维多峰优化空间中,搜索效率下降,后期收敛速度较低。

BA 要求每只蝙蝠在早期迭代中进行全局搜索,在找到最优解后减速,逐渐靠近全局最优解附近的域,最终得到一个高质量的最优解。但是,如果收敛速度过高,则算法容易陷入局部最优。

(二)改进 BA 的方法一:全局混沌遍历扰动算法

本书提出了一种全局混沌遍历扰动(GCTD)算法,通过在可行解区域内进行遍历搜索来克服种群多样性下降的问题。

图 4.1 给出了 GCTD 算法相应的伪代码。GCTD 算法首先将单个蝙蝠映射到区间 $(0,1)$，然后使用 cat 映射函数(公式)生成具有初始值的新的混沌变量；改进适应度后，将混沌变量映射到原解空间，生成新的蝙蝠；最后，通过计算所得的新蝙蝠，进而生成蝙蝠的位置。

$$\begin{cases} x^{t+1} = \mathrm{frac}(x^t + y^t) \\ y^{t+1} = \mathrm{frac}(x^t + 2y^t) \end{cases} \tag{4-1}$$

式中，frac 函数产生一个实数 x 的小数部分减去适当的整数。

GCTD 算法的伪代码

Inputs： $x_{i,j}^t$(第 i 个 bat 的第 j 个维度)，a_j(最小界)，b_j(最大界)

Output： x_i^{t+1}(第 i 个 bat 的下一个位置)

1：   For $i=1:n$ do

2：   For $j=1:D$ do

3： $y_{i,j}^t = (x_{i,j}^t - a_j)/(b_j - a_j)$ ← 将第 i 个 bat 的第 j 个维度映射到区间 $(0,1)$

4：   生成 m 个新的混沌序列，$\{y_{i,j}^{t+1}(1), y_{i,j}^{t+1}(2), \cdots, y_{i,j}^{t+1}(m)\}$

5： $x_{i,j}^{t+1}(k) = (b_j - a_j) y_{i,j}^{t+1}(k) + a_j$ ←将新的混沌序列映射到可行序列中

6：   计算 m 个全局混沌搜索后每个 bat 的适应度

7：   选择最适合的个体，$x_i^{t+1}(best)$

8：   End for j

9：   If $x_i^{t+1}(best)$ 比 x_i^t 更好 then

10：   设置 $x_i^{t+1} = x_i^{t+1}(best)$

11：   Else

12：   完成 GCTD 算法

13：   End if

14：   End for i

图 4.1　GCTD 算法的伪代码

(三)改进 BA 的方法二：(LNAS)算法

本书采用局部小生境加速搜索(local niche accelerate search，LNAS)算法提高进化后期的搜索速度，提高局部搜索能力，图 4.2 给出了相应的伪代码。首先，改进 BA 的 LNAS 算法首先将极值解的最优解设置为局部小生境加速搜索区域的中心；其次，将最优蝙蝠的各分量映射到区间 $(0,1)$ 上，利用 cat 映射函数迭代生成混沌序列；再次，计算搜索半径，设置局部小生境加速搜索范围；从次，将混沌序列映射到局部小生境范围内，在小生境范围内进行遍历搜索；最后，最优解、脉冲响度、$A^{t+1}(i)$、脉冲发射频率、$R^{t+1}(i)$ 已更新。

LNAS 算法的伪代码

Inputs：x_L^t（第 i 个 bat 的局部初始解），a_j（最小界），b_j（最大界），r（局部生态位搜索半径，定义为 $r = \min(x_L^t - a_j, b_j - x_L^t)$），$\gamma$（脉冲响度阻尼系数），$\delta$（脉冲增大系数）

Output：x_L^{t+1}（第 i 个 bat 的下一个局部位置），$A^{t+1}(i)$（第 i 个 bat 的下一个响度），$R^{t+1}(i)$（第 i 个 bat 的下一个脉冲发射率）

1：	For $j = 1 : D$ do
2：	$y_{L,j}^t = (x_{L,j}^t - a_j)/(b_j - a_j)$ ← 将初始解的第 j 维映射到区间 $(0,1)$
3：	生成 m 个新的混沌序列，$\{y_{L,j}^{t+1}(1), y_{L,j}^{t+1}(2), \cdots, y_{L,j}^{t+1}(m)\}$
4：	$x_{L,j}^{t+1}(k) = 2r y_{L,j}^{t+1}(k) + x_{L,j}^t - r$ ← 将新的混沌序列映射到小生境搜索范围
5：	计算每个 bat 经过 m 个小生境混沌遍历搜索后的适应度
6：	选择最适合的个体，$x_L^{t+1}(best)$
7：	End for j
8：	随机生成 Rand2
9：	If $Rand\,2 > A^t(i)$ 且 $x_i^{t+1}(best)$ 比 x_i^t 更好 then
10：	设置 $x_L^{t+1} = x_L^{t+1}(best)$
11：	并且更新 $A^{t+1}(i)$ 和 $R^{t+1}(i)$ ← 使用 $A^{t+1}(i) = \gamma A^t(i)$ 和 $R^{t+1}(i) = R^0(i)[1 - e^{-\delta t}]$
12：	Else
13：	完成 LNAS 算法
14：	End

图 4.2　LNAS 算法的伪代码

(四) 改进 BA 的方法三：自适应速度控制算法

采用自适应速度控制（ASC）算法改进蝙蝠种群在全局搜索和局部搜索之间的转换。图 4.3 给出了相应的伪代码。

首先，ASC 算法通过引入平均聚集距离和最大聚集距离来定义种群聚集变化率；

其次，基于人口聚集变化率，提出了一种更新速度更新权值的方法，实现了全局搜索与局部搜索的自适应转换。

在图 4.3 中，用蝙蝠聚集距离的变化率，也就是系数 μ，来判断是否改进了全局搜索还是局部搜索；自适应惯性权值 η 可以用 μ 来调节，使种群能够适应更复杂的环境，具有更灵活的全局搜索和局部搜索能力。

ASC 算法的伪代码

Inputs：$x_{L,j}^{t}$（第 i 个 bat 的第 j 个局部初始解），$x_{i,j}^{t}$（第 i 个 bat 的第 j 个维度）

Output：v_i^{t+1}（第 i 个 bat 的下一个速度）

1： For $i=1$：n do

2： For $j=1$：D do

3： $$d_{mean} = \sum_{i=1}^{n} \sqrt{\sum_{j=1}^{D} (x_{L,j}^{t} - x_{i,j}^{t})^2} / m \leftarrow 计算平均聚集距离 \; d_{mean}$$

4： $$d_{max} = \max_{i=1,2,\cdots,n} \sqrt{\sum_{j=1}^{D} (x_{L,j}^{t} - x_{i,j}^{t})^2} \leftarrow 计算最大采集距离 \; d_{max}$$

5： End for j

6： 定义 bat 聚集距的变化率，$\mu = (d_{max} - d_{mean})/d_{max}$

7： $$\eta = \begin{cases} (q_1 + 0.5|\tau|) * |\ln \mu| & |\mu| > 1 \\ (q_1 q_2 + 0.5|\tau|) \; 0.05 \leq |\mu| \leq 1 & \leftarrow 计算自适应惯性质量，\eta \\ (q_2 + 0.5|\tau|) * |1/\ln \mu| & |\mu| \leq 0.05 \end{cases}$$

式中 $q_1 = 0.3, q_2 = 0.2$，且 τ 为区间 $[0,1]$ 内的均匀分布随机数

8： $v_i^{t+1} = \eta v_i^{t} + (x_i^{t} - x^*) F_i \leftarrow$ 更新第 i 个 bat 的速度

9： $x_i^{t+1} = x_i^{t} + v_i^{t+1} \leftarrow$ 更新第 i 个 bat 的位置

10： End for i

11： If 适应度 < 3% then

12： 完成 ASC 算法

13： Else

14： 执行步骤 1

15： End if

图 4.3　ASC 算法的伪代码

二、混沌高效蝙蝠算法的设计

混沌高效蝙蝠算法基于进化原理：首先，使用标准 BA 初始化每个蝙蝠的位置和速度，评估每只蝙蝠的适合度。其次，计算当前蝙蝠种群聚集距离的变化率。再次，确定自适应惯性权重。从次，利用自适应速度调整算法更新每个蝙蝠的速度和位置，如果当前种群满足 GCTD 条件，则对该种群执行 GCTD 算法；如果满足 LNAS 条件，则对选定的最优个体执行 LNAS。最后，将得到的个体作为新的种群，并不断更新速度和位置，直到达到进化终止条件。

如上所述，将三个核函数 K_{poly}、K_{rbf} 和 K_{Fsig} 与 SVR 模型进行杂交。三种混合 SVR 模型的参数分别为 (C, ε, d)、(C, ε, σ) 和 (C, ε, ω)。采用混沌高效蝙蝠算法对各混合 SVR 模型进行参数优化。此外，每个混合 SVR 模型的参数数作为每个蝙蝠的总维数。预测值的 MAPE 为适应度。图 4.4 给出了相应的伪代码。

混沌高效 bat 算法的伪代码

Inputs：n（总体大小），$A(i)$（第 i 个 bat 的初始响度），$R(i)$（第 i 个 bat 的脉冲发射率），F_{max}（最大发射频率），F_{min}（最小发射频率），γ（脉冲响度阻尼系数），δ（脉冲增大系数），x_i^t（第 i 个 bat 的位置），v_i^t（第 i 个 bat 的速度），a_j（最小界），b_j（最大界）

Output：x_*^{t+1}（当前族群中最好的位置）

1：	计算当前位置的适应度
2：	选择最适合的个体，$x_i^{t+1}(\text{best})$
3：	If 适应度 < 3% then
4：	完成混沌高效 bat 算法
5：	Else
6：	$F_i = F_{min} + (F_{max} - F_{min})\beta \leftarrow$ 更新声频数据 F_i
7：	ASC 算法 $\leftarrow$ 计算 v_i^{t+1} 和 x_i^{t+1}
8：	If 适应度 < 3% then
9：	LNAS 算法 $\leftarrow$ 计算 $x_L^{t+1}, A^{t+1}(i)$ 和 $R^{t+1}(i)$
10：	Else
11：	GCTD 算法 $\leftarrow$ 计算 x_i^{t+1}
12：	End if
13：	End if
14：	选择适合度最好的两个方案（x_L^{t+1} 和 x_i^{t+1}）$\leftarrow x_*^{t+1}$

图 4.4　混沌高效 bat 算法的伪代码

三、利用 EEMD 分解舰船运动序列

经验模态分解（EMD）技术是一种自适应信号分解技术，可将舰船运动时间序列的尺度或趋势分量分解为一系列内涵模态分量（IMF）。所有的国际货币基金组织都具有相同的特征，并且相互独立。分解后的序列比原始舰船运动数据更有规则性，有助于提高预测精度。然而，间歇性信号在 EMD 分解下会引起模态混叠，降低了预测模型对分量的适应性。

由于高斯白噪声的统计分布是均匀的，Wu 和 Huang 开发了集成 EMD 算法（EEMD）来消除 EMD 算法的混叠现象，该算法在原始信号的各个点上加入随机白噪声来消除边界效应。在本书中，由于舰船运动是强非平稳的，因此使用 EEMD 算法将舰船运动时间序列分解为一系列稳定序列。图 4.5 给出了相应的伪代码。k 的值设为 0.2。

集成经验模态分解(EEMD)算法的伪代码

Inputs： $z(t)$ (原版)

Output： $c_i(t)$ (n 个内模态函数, $B(t)$ ($z(t)$ 的残差)

1： $z_{\text{white}}(t) = z(t) + kn(t)$ ← 加上白噪声 $n(t)$ 和常数 k

2： 确定 $z_{\text{white}}(t)$ 的所有局部极值(包括所有最大值和最小值)

3： 计算上下包络线 ← 得到平均包络线 $m_k(t)$

4： $h_k(t) = z_{\text{white}}(t) - m_k(t)$ ← 定义第一个组件

5： If $h_k(t)$ 满足一个 IMF then

6： $h_k(t)$ 是一个 IMF,即 $c_n(t)$

7： $r_n(t) = z_{\text{white}}(t) - c_n(t)$ ← 差分序列寻找另一个 IMF

8： If $r_n(t)$ 是非单调级数 then

9： $z_{\text{white}}(t) = r_n(t)$ ← 将被拆分成下一个 IMF,直到 $r_n(t)$ 变得单调

10： Else

11： $z_{\text{white}}(t) = c_1(t) + r_n(t)$

12： End if

13： Else

14： 重复步骤 3 到 4 ← 直到找到合格的固有模式函数 $c_n(t)$

15： End

16： $z_{\text{white}}(t) = \sum_{i=1}^{n} c_i(t) + B(t)$ ← 重复步骤 1 到 16,直到达到所需的 n,同时每次添加不同的白噪声信号

图 4.5　集成经验模态分解(EEMD)算法的伪代码

四、混合 EEMD 与基于核的 SVR 预测模型的构建

本书针对具有强非平稳和非线性特征的舰船运动时间序列,提出了一种基于核函数支持向量回归预测模型的混合 EEMD 预测方法。预测步骤如下。

首先,使用 EEMD 将原始舰船运动时间序列分解为一系列稳定的 IMF;

其次,将构建的基于核的 SVR 预测模型与每个 IMF 相关联,用于预测舰船运动时间序列;

最后,将与所有基于核的 SVR 预测模型相关联的预测相加,得出最终的预测结果。

假设舰船运动时间序列 $\{X(t), t = 1, 2, \cdots, m\}$,被分解为 n 个 IMF 和一个残差 B,如下所示。

$$X(t) = \sum_{i=1}^{n} \text{IMF} + B \qquad (4-2)$$

在训练过程之后,针对每个 IMF 构建相关的基于核的 SVR 预测模型,预测 $Y(\text{IMF}_1)$, $Y(\text{IMF}_2), \cdots, Y(\text{IMF}_n)$ 和 $Y(B)$。然后,通过将使用这些相关的基于核的 SVR 预测模型预测

的运动相加,得到最终的预测运动 Y,如式(4-3)所示。

$$Y = \sum_{i=1}^{n} Y(\text{IMF}) + Y(B) \tag{4-3}$$

图4.6展示了混合 EEMD 和基于核的 SVR 预测模型的预测过程。

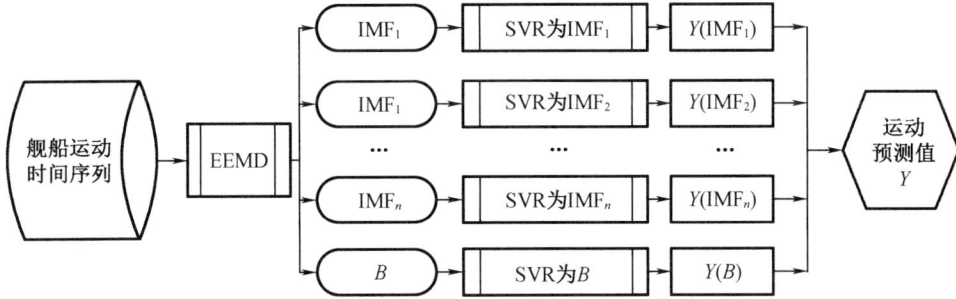

图4.6　混合 EEMD 和基于核的 SVR 模型的预测流程图

五、舰船混合运动预测方法

在舰船混合运动预测方法中,采用 EEMD 将运动时间序列分解为分解序列 $\{\text{IMF}_1,$ $\text{IMF}_2,\ \cdots,\ \text{IMF}_n,\ B\}$。第 i 个系列 IMF_i 表示为 $\{X_t^i, t = 1, 2,\ \cdots,\ n\}$。这系列 $\{X_{t-n+1}^i,\ X_{t-n+2}^i,$ $\cdots,\ X_t^i\}$ 由 SVR 模型的输入数据和三个 SVR 模型与内核函数($K_{\text{poly}},\ K_{\text{rbf}}$ 和 K_{Fsig})构造。采用混沌高效蝙蝠算法对它们的参数进行优化,然后训练三种基于核的支持向量回归模型生成它们的相关参数,获得回归值(Y_{poly}、Y_{rbf}、和 Y_{Fsig});确定混合核函数的权值;最终得到基于核的 SVR 预测模型。

将 $\{X_{t-n+1}^i,\ X_{t-n+2}^i,\ \cdots,\ X_t^i\}$ 输入到构建的基于核的 SVR 预测模型中,得到了预测值 X_{t+1}^i;输入 $\{X_{t-n+2}^i,\ X_{t-n+3}^i,\ \cdots,\ X_{t+1}^i\}$ 得到下一个预测值 X_{t+2}^i,以此类推。当预测第 i 个分解序列 IMF_i 的滚动过程完成后,得到与 IMF_i 相关的 Y_i。因此,重复上述步骤获得与所有 IMF_i 相关联的所有 Y_i。最后,对所有 Y_i 求和,得到最终的预测结果 Y。

图4.7展示了实现混合舰船运动预测模型的步骤。

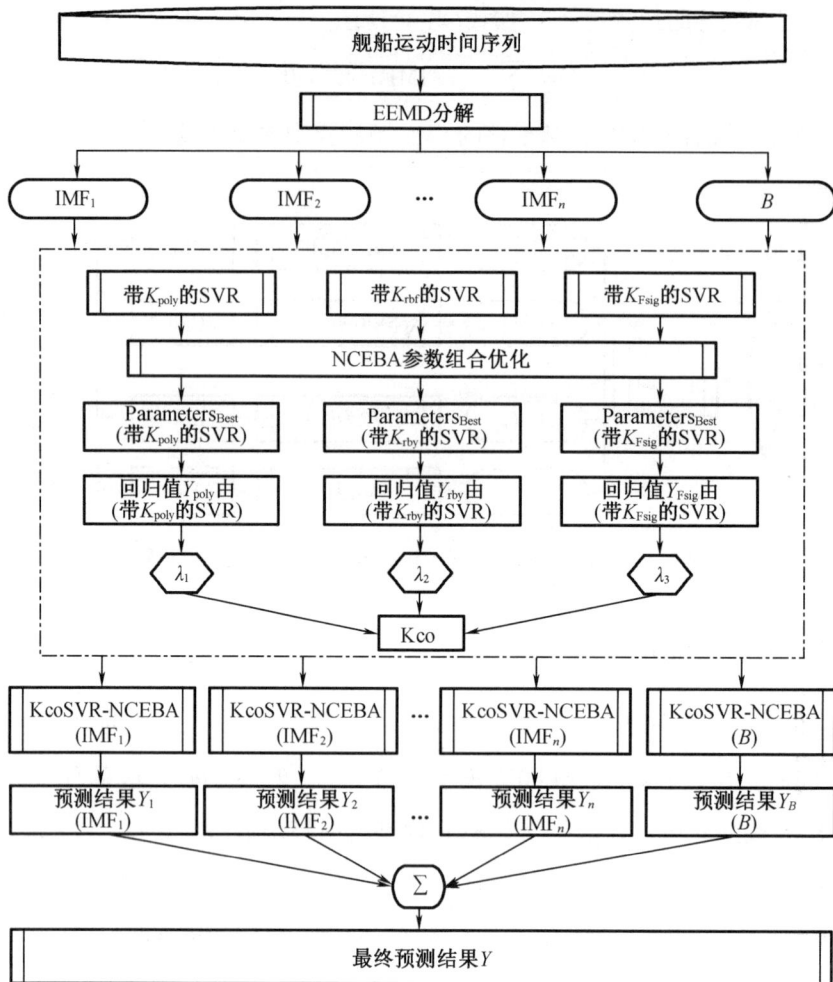

图 4.7　混合舰船运动预测模型流程图

第二节　基于改进粒子群算法的 PEM&LSSVR 模型超参优选方法

一、CCPSO 法确定 LSSVR 模型参数

本书的作者已经发表了大量关于使用进化算法优化基于 SVR 的模型参数的研究。研究结果表明,利用进化算法对参数进行优化,可以提高基于 SVR 模型的预测精度。为了解决粒子群算法后期容易陷入局部极值和收敛速度慢的问题,本书采用了混沌映射和云模型对粒子群优化算法(PSO)进行改进,提出混沌量子粒子群优化算法(CCPSO),用于 LSSVR 模型参数优化,具体过程如下:

步骤 1　参数初始化。初始化粒子群的大小 pop_size;最大迭代次数 gen_max;加速度参数 c_1 和 c_2;混合控制参数 mix_gen;人口分布系数 pop_dist。

步骤2　人口初始化。生成 pop_size 粒子，$g = \{g_1, g_2, \cdots, g_{\mathrm{pop\_size}}\}$ 在可行区域 $[g_{C\min},$ $g_{C\max}]$ 和 $[g_{\sigma\min}, g_{\sigma\max}]$ 中，其中 $g_j = (C_j, \sigma_j)$。设 $G = 1$，$GG = 1$。

步骤3　体能评估。用向量 $g_j = (C_j, \sigma_j)$ 给出 LSSVR$_j$ 模型的参数；利用训练数据对 LSSVR$_j$ 模型进行训练；计算与参数 (C_j, σ_j) 相关的 LSSVR$_j$ 模型的回归值，然后，通过平均绝对百分比误差（MAPE）计算预测误差（作为 CCPSO 的适应度值），如下所示。

$$\mathrm{MAPE} = \frac{1}{n} \sum_{i=1}^{n} \left| \frac{f(x_i) - \hat{f}(x_i)}{f(x_i)} \right| \times 100\% \tag{4-4}$$

式中，n 为数据点总数；$f(x_i)$ 是 i 点的实际值；$\hat{f}(x_i)$ 是 i 点的预测值。

步骤4　更新最优。更新个体最优位置 P_i^G 和全局最优位置 P_g^G。

步骤5　最大迭代次数准则。如果 $G < \mathrm{gen\_max}$，转到步骤6；否则，执行步骤8。

步骤6　计算惯性权重系数。使用公式计算自适应惯性权重因子 ω。更新粒子群中每个粒子的速度和位置，然后设置 $G = G + 1$ 和 $GG = GG + 1$，转到步骤7。

$$\omega = \begin{cases} \omega_{\min} & f_i > \bar{f}_{\mathrm{good}} \\ \omega_{\min} + (\omega_{\max} - \omega_{\min}) \dfrac{\bar{f}_{\mathrm{good}} - f_i}{\bar{f}_{\mathrm{good}} - \bar{f}_{\mathrm{bad}}} & \bar{f}_{\mathrm{bad}} \leqslant f \leqslant \bar{f}_{\mathrm{good}} \\ \omega_{\max} & f_i < \bar{f}_{\mathrm{bad}} \end{cases} \tag{4-5}$$

式中，ω 为更新后的权值；f_i 为第 i 个粒子的适应度值；$\bar{f}_{\mathrm{good}}$ 是优于粒子群平均适应度值粒子的平均适应度值 $\bar{f}$；$\bar{f}_{\mathrm{bad}}$ 是一个粒子的平均适应度值，它低于粒子群的平均适应度值 $\bar{f}$；$\omega_{\min}$ 和 $\omega_{\max}$ 分别为惯性权重的最小值 0.4 和最大值 0.9。

步骤7　混合控制条件判据。若 $GG < \mathrm{mix\_gen}$，转步骤3；否则，执行步骤8。

步骤8　混沌全局探索和云局部加速。搜索取每个粒子的个体最优位置 P_i^G 的每个粒子，根据第 i 部分的适应度值循环形成一个新的群和序列；根据第 i 个粒子的适应度值组成新的群和序列；将整个蜂群划分为 pop_distr $*$ pop_size 较好的个体和 $(1 - \mathrm{pop\_distr}) *$ pop_size 较差的个体。对于 pop_distr $*$ pop_size 更好的个体，可以使用云模型进行本地搜索，得到 pop_distr $*$ pop_size 新的更好的个体。对于 $(1 - \mathrm{pop\_distr}) *$ pop_size 较差的个体，使用 cat mapping 函数进行全局混沌扰动，得到 $(1 - \mathrm{pop\_distr}) *$ pop_size 新的较好的个体。整合 pop_distr $*$ pop_sizennew 较优秀的个体和 $(1 - \mathrm{pop\_distr}) *$ pop_sizennew 较差的个体，生成一个新的精英群体。令 $GG = 0$，执行步骤3。

步骤9　参数确定。以当前种群的全局最优位置 P_g^G 作为 LSSVR 模型的参数。

二、PEM&LSSVR–CCPSO 方法的实施

首先，根据 PEM 和 LSSVR 模型的预测原理，使用 L 个样本数据对 PEM 进行训练，计算 PEM 的回归值，预测 $Y_{\mathrm{periodic}}(n)$ 并计算训练后的 PEM 的回归残差；其次，将得到的回归残差作为 LSSVR 模型的输入和输出向量，利用 CCPSO 对 LSSVR–CCPSO 模型进行优化，并对 $Y_{\mathrm{residual}}(n)$ 进行预测；最后，对 $Y_{\mathrm{periodic}}(n)$ 和 $Y_{\mathrm{residual}}(n)$ 求和，得到预测值 $Y(n)$。图 4.8 显示了预测过程的细节。

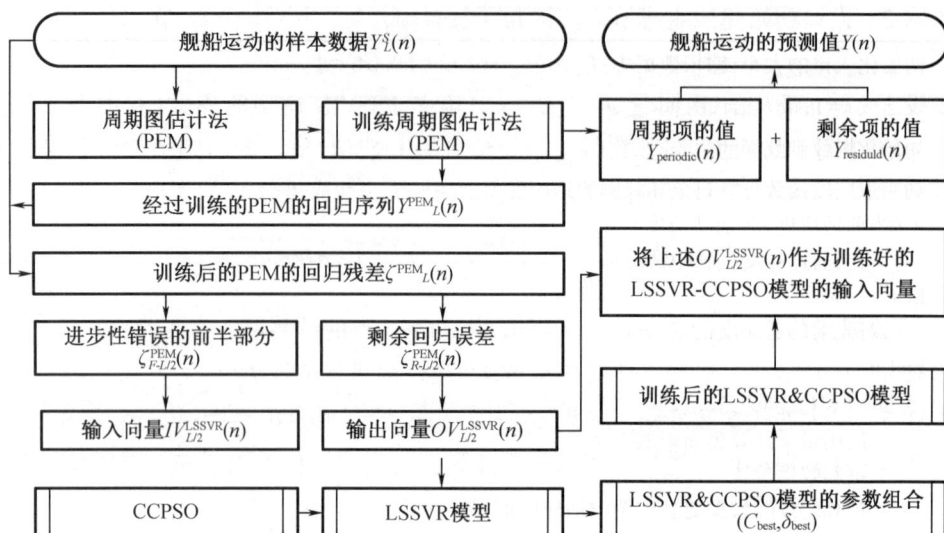

图 4.8 PEM&LSSVR–CCPSO 模型的预测流程图

步骤 1 使用 L 个样本数据 $Y_{L(n)}^S$ 对 PEM 进行训练。

步骤 2 使用训练好的 PEM 计算回归序列 $Y_{L(n)}^{PEM}$，并预测舰船运动时间序列的周期项 $Y_{periodic}(n)$ 的值。

步骤 3 使用回归序列 $Y_{L(n)}^{PEM}$ 和样本数据 $Y_{L(n)}^S$ 计算回归残差 $\zeta_{L(n)}^{PEM}$。

步骤 4 将回归误差的前半部分 $\zeta_{F-\frac{L}{2}(n)}^{PEM}$ 作为输入向量 $IV_{\frac{L}{2}(n)}^{LSSVR}$，将回归误差的剩余部分 $\zeta_{R-\frac{L}{2}(n)}^{PEM}$ 作为 LSSVR 模型的输出向量 $OV_{\frac{L}{2}(n)}^{LSSVR}$。

步骤 5 使用 $IV_{\frac{L}{2}(n)}^{LSSVR}$ 和 $OV_{\frac{L}{2}(n)}^{LSSVR}$，利用 CCPSO 算法确定 LSSVR 模型的参数 $(C_{best}, \sigma_{best})$。

步骤 6 使用 $(C_{best}, \sigma_{best})$ 对 LSSVR 模型进行训练，得到训练好的 LSSVR–CCPSO 模型；然后将上述 $OV_{\frac{L}{2}(n)}^{LSSVR}$ 作为训练后的 LSSVR–CCPSO 模型的输入向量，预测舰船运动时间序列的残差项 $Y_{residual}(n)$ 的值。

步骤 7 将残差项 $Y_{residual}(n)$ 与周期项 $Y_{periodic}(n)$ 相加，得到舰船运动时间序列的最终预测值 $Y(n)$。

第三节 基于改进蝴蝶优化算法的 ECG 模型超参优选方法

一、标准 BOA

蝴蝶优化算法(BOA)是一种模拟蝴蝶觅食行为的新型优化算法，主要包括初始化、迭代和最终三个阶段。它自提出以来就受到广泛关注，并已成功应用于许多工程领域。因此，本书试图将其应用于 ECG 超参数优化。蝴蝶是 BOA 的搜索代理，它产生的香味强度与它的适合度有关。香味的计算如公式(4-6)所示，其中 f 为香味强度，c 为感官，I 为与适应度值相关的刺激强度，a 为功率分量，一般来说，a 和 c 取 0 到 1 之间的数。

$$f = cI^a \qquad (4\text{-}6)$$

在迭代阶段，算法的两个关键点是全局搜索和局部搜索。在全局搜索阶段，蝴蝶向最优蝴蝶移动，其数学表达式如公式（4-7）所示，其中 x_i^t 为第 i 只蝴蝶第 t 次迭代的位置，$g*$ 表示在当前迭代中找到的最佳蝴蝶位置，f_i 是第 i 只蝴蝶的香味，r 是 0 到 1 之间的随机数。在局部搜索阶段，蝴蝶随机搜索，数学表达式如公式（4-8）所示，其中 x_j^t 和 x_k^t 是从蝴蝶种群中随机选择的两只蝴蝶。在蝴蝶觅食的过程中，会有全局和局部的搜索，因此，设置切换概率 P 来决定是执行全局搜索还是执行局部搜索。每次迭代随机生成一个 0 到 1 的随机数 P_r，并将其与 P 进行比较，以确定是执行全局搜索还是局部搜索。

$$x_i^{t+1} = x_i^t + (r^2 \times g* - x_i^t) \times f_i^t \qquad (4\text{-}7)$$

$$x_i^{t+1} = x_i^t + (r^2 \times x_j^t - x_k^t) \times f_i^t \qquad (4\text{-}8)$$

与传统优化算法一样，BOA 也面临着收敛速度慢和容易陷入局部最优的问题。深度学习模型的优化是一个特殊的问题，因为离散的解空间和高复杂性的约束给最优解带来了困难。为了提高算法的性能，本书利用量子计算扩展了搜索的遍历性，改进了原有的 BOA 算法。

二、基于量子理论的 BOA 改进

（一）蝴蝶的量子编码

在量子计算中，量子比特用来表示微观粒子的基本状态。量子比特在任何时刻的状态都可以用基本态表示，称为叠加态。如公式（4-9）所示，其中 μ 和 ν 表示基本态的概率幅值，满足 $|\mu^2| + |\nu^2| = 1$。为了计算方便，本书直接使用量子比特的概率幅度作为蝴蝶当前的位置码。第 i 个蝴蝶量子比特码 Q_i 可以用公式（4-10）表示，其中 N 为位置向量的维数。

$$|\varphi\rangle = \mu|0\rangle + \nu|1\rangle \qquad (4\text{-}9)$$

$$Q_i = \begin{bmatrix} \mu_{i1} \mu_{i2} \cdots \mu_{iN} \\ \nu_{i1} \nu_{i2} \cdots \nu_{iN} \end{bmatrix} = \begin{bmatrix} \cos\theta_{i1} \cos\theta_{i2} \cdots \cos\theta_{iN} \\ \sin\theta_{i1} \sin\theta_{i2} \cdots \sin\theta_{iN} \end{bmatrix} \qquad (4\text{-}10)$$

（二）蝴蝶位置空间映射

设位置向量 $\boldsymbol{x}_i = [x_{i1}, x_{i2}, \cdots, x_{ij}, x_{iN}]$，$x_{ij}$ 的上下限分别为 $x_{\max}^{ij}$、$x_{\min}^{ij}$。将量子比特码映射到蝴蝶的位置码，每只蝴蝶从一个位置码变为两个位置码，如式（4-11）和式（4-12）所示。

$$x_{ij}^{|0\rangle} = \mu_{ij}(x_{\max}^{ij} - x_{\min}^{ij}) + x_{\min}^{ij} \qquad (4\text{-}11)$$

$$x_{ij}^{|1\rangle} = \nu_{ij}(x_{\max}^{ij} - x_{\min}^{ij}) + x_{\min}^{ij} \qquad (4\text{-}12)$$

（三）蝴蝶量子态更新

利用量子旋转门将蝴蝶位置变化的更新转化为蝴蝶量子概率振幅的更新。量子旋转门的工作如式（4-13）所示，其中 θ_{ij}^t 表示第 i 只蝴蝶在第 t 次迭代中第 j 个位置的相位，$\Delta\theta_{ij}^t$ 为相位增量。

$$\begin{bmatrix} \cos\theta_{ij}^{t+1} \\ \sin\theta_{ij}^{t+1} \end{bmatrix} = \begin{bmatrix} \cos(\theta_{ij}^{t+1} + \Delta\theta_{ij}^{t+1}) \\ \sin(\theta_{ij}^{t+1} + \Delta\theta_{ij}^{t+1}) \end{bmatrix} = \begin{bmatrix} \cos\theta_{ij}^t \\ \sin\theta_{ij}^t \end{bmatrix} \cdot \begin{bmatrix} \cos\Delta\theta_{ij}^{t+1} - \sin\Delta\theta_{ij}^{t+1} \\ \sin\Delta\theta_{ij}^{t+1} \cos\Delta\theta_{ij}^{t+1} \end{bmatrix} \qquad (4\text{-}13)$$

相位增量的计算是量子旋转门的核心,采用式(4-7)和式(4-8)计算相位增量 $\Delta\theta_{ij}^t$,改进后的计算方程如式(4-14)和式(4-15)所示,其中 $\boldsymbol{g}_\theta^*$ 为当前迭代中最优蝴蝶的相位向量,$\boldsymbol{\theta}_j^t$ 和 $\boldsymbol{\theta}_k^t$ 为随机选择的两只蝴蝶的相位向量。

$$\Delta\theta_i^{t+1} = \Delta\theta_i^t + (r^2 \times \boldsymbol{g}_\theta^* - \boldsymbol{\theta}_i^t) \times f_i^t \tag{4-14}$$

$$\Delta\theta_i^{t+1} = \Delta\theta_i^t + (r^2 \times \boldsymbol{\theta}_j^t - \boldsymbol{\theta}_k^t) \times f_i^t \tag{4-15}$$

(四)蝴蝶量子比特突变

为了防止 BOA 过早收敛而陷入局部最优,引入量子非门实现量子比特突变,增加蝴蝶种群的多样性。首先初始化突变概率 P_m,然后每只蝴蝶在计算时随机产生一个 0 到 1 的随机数 P_r,如果 $P_m < P_r$,则不执行突变操作。反之,根据公式,将选择一半的量子比特进行非门突变操作。

$$\begin{bmatrix} 0 & 1 \\ 1 & 0 \end{bmatrix} \begin{bmatrix} \cos\theta_{ij} \\ \sin\theta_{ij} \end{bmatrix} = \begin{bmatrix} \sin\theta_{ij} \\ \cos\theta_{ij} \end{bmatrix} \tag{4-16}$$

三、QBOA 的计算流程

改进后的 QBOA 将蝴蝶空间位置的优化转化为蝴蝶量子比特的优化。流程图如图 4.9 所示,计算步骤如下。

步骤 1　随机初始化蝴蝶种群的量子相位 θ,初始化相位增量 $\Delta\theta$ 为 0。

步骤 2　设置幂指数 a、感觉模态 c、开关概率 P、突变概率 P_m。

步骤 3　根据公式(4-10)计算蝴蝶种群量子比特 Q。

步骤 4　根据公式(4-11)和公式(4-12),将蝴蝶量子比特映射到蝴蝶位置空间编码中。

步骤 5　计算适应度值,然后计算刺激强度 I 和香味 f。

步骤 6　生成随机概率 P_r。如果 $P_m > P_r$,则根据公式(4-16)进行非门突变操作,然后跳到步骤 7,否则直接跳到步骤 8。

步骤 7　如果是 $P_m < P_r$,执行步骤 8,否则执行步骤 9。

步骤 8　选择当前迭代中蝴蝶个体的最优相位 g_θ^*,随机生成 r,根据公式(4-14)计算 $\Delta\theta$,然后跳转到步骤 10。

步骤 9　从当前蝴蝶群中随机选取两只蝴蝶 θ_j 和 θ_k,随机生成 r,根据公式(4-15)计算 $\Delta\theta$,然后跳转到步骤 10。

步骤 10　根据公式(4-13)通过量子旋转门更新蝴蝶量子比特,判断是否满足终止条件,如果满足则跳到步骤 11,否则跳到步骤 3。

步骤 11　输出最佳蝴蝶位置。

四、数据处理

数据处理主要包括数据规范化处理和网络训练格式处理。归一化处理是将数据压缩至 0 到 1,防止数据之间的差异过大,加快了网络的训练速度。归一化计算如式(4-17)所示,其中 d_i 为时间序列中的第 i 个数据,d_{max} 和 d_{min} 分别为时间序列中的最大值和最小值。

网络训练格式处理意味着不同的预测模型采用不同的数据应用方法。在训练开始的时候，对数据进行划分，以满足不同模型的训练要求。

$$D_i = \frac{d_i - d_{min}}{d_{max} - d_{min}} \tag{4-17}$$

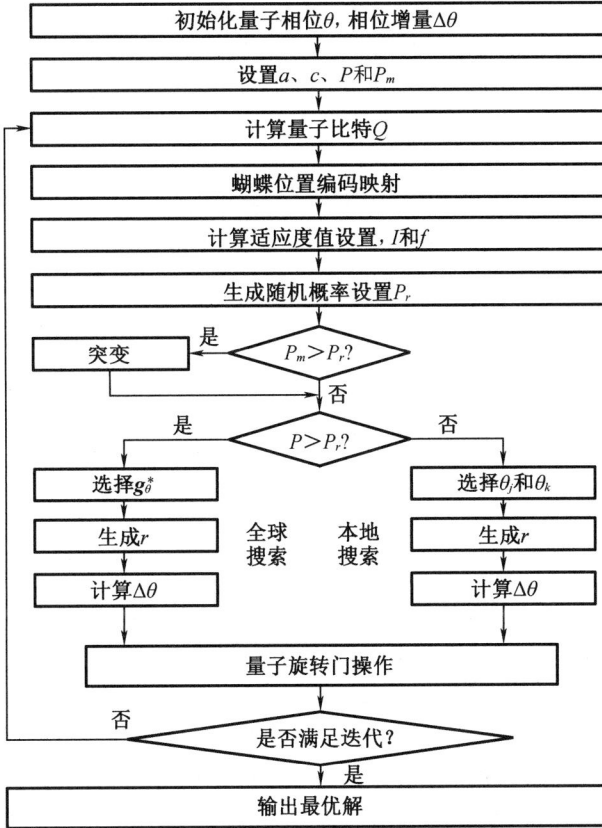

图4.9　QBOA 的计算流程图

五、ECG&QBOA 混合预测方法的预测过程

ECG&QBOA 混合预测方法主要由两部分组成：第一部分是 ECG 模型，用于预测舰船运动；第二部分是 QBOA 算法，用于 ECG 模型超参数的优化。原始舰船运动时间序列通过 EMD 分解为多个序列数据。ECG&QBOA 方法为多线并联，每个序列采用相同的预测方法。因此，本书以 IMF_1 为例，说明单个分支的步骤。ECG&QBOA 混合预测方法的单分支流程图如图4.10所示，其步骤如下。

步骤1　数据处理。首先将 IMF_1 序列归一化为0和1之间；然后对格式进行处理，使其满足 ECG 模型的训练要求；最后将数据分为训练数据、验证数据和测试数据，这些数据被保留以供后续使用。

步骤2　初始化模型参数。设置 ECG 模型的固定参数，如卷积层数、池化层数、激活函数数等，然后设置 QBOA 的初始参数，随机初始化量子参数。

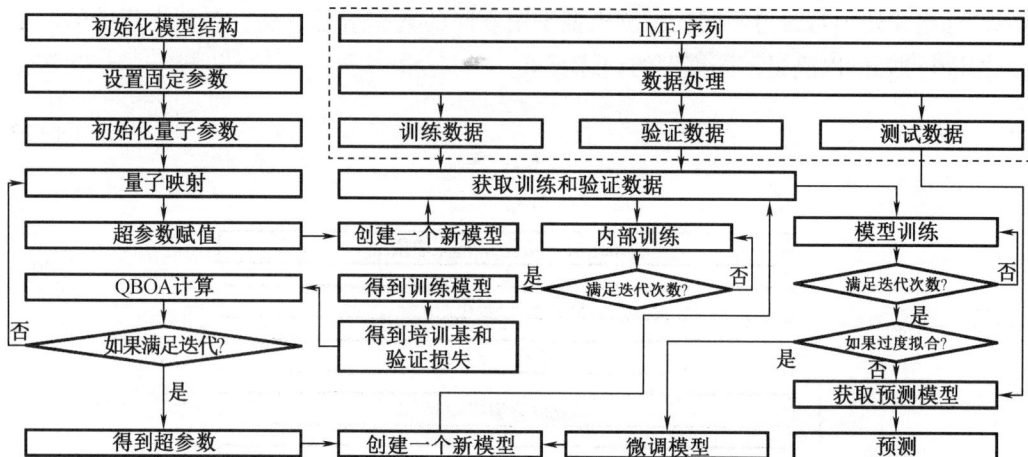

图 4.10 ECG&QBOA 混合预测方法的单分支流程图

步骤 3 解空间变换。计算量子概率幅值,然后将量子比特编码映射到网络超参数解空间编码并分配给新模型。

步骤 4 QBOA 计算。首先,根据输入维数,获取相应格式的训练和验证数据,使用训练数据对 QBOA 的内部模型进行训练,直到达到训练终止条件的要求;其次,将训练和验证损失作为适应度值反馈给 QBOA,并根据 QBOA 流程更新量子概率幅值,直到满足迭代次数的要求;最后,将最优量子比特映射到超参数和输出的解空间形式。

步骤 5 对最优模型进行训练和验证。将最优超参数赋给新模型,并基于训练数据对模型进行训练。满足训练阶段后,根据验证数据判断模型是否过拟合。如果模型过拟合,则对模型进行微调,然后重新生成模型并重复上述训练步骤,直到它满足需求。在这种情况下,得到了预测模型。

步骤 6 模型预测。在测试数据的基础上,利用步骤 5 中得到的模型进行预测试验。

六、ECG&QBOA 参数设置

采用 QBOA 对 ECG 模型进行优化时,最优参数的选取如表 4.1 所示。

表 4.1 最优参数的选取表

对象	变量	描述
CNN	w^k	随机初始化为小数,最后通过模型训练得到
	b^k	随机初始化为小数,最后通过模型训练得到
	C	C 为待优化的超参数,由 QBOA 得到
	D	D 的值等于过滤器的个数,由 QBOA 获得
	m	m 为待优化的超参数,由 QBOA 得到
	s	一般来说,池步长为 1 或 2,本书取 1
	φ	CNN 和 GRU 的激活函数为"sigmoid",输出层的激活函数为"tanh"
GRU	W_r、W_z、W_t、W	权重参数随机初始化为小数,最后通过模型训练得到

表 4.1(续)

对象	变量	描述
QBOA	c	c 的取值范围为 $[0,1]$，本书取 0.8
	a	a 的取值范围为 $[0,1]$，本书取 0.9
	r	r 的取值范围为 $[0,1]$，本书取 1.0
	P	P 的取值范围为 $[0,1]$，本书取 0.5
	P_r	P_r 是 0 到 1 的随机数
	θ	初始化为一个随机较小的数
	$\Delta\theta$	初始化为 0

第四节　基于改进鲸鱼优化算法的 C&G&A 模型超参优选方法

一、鲸鱼优化算法分析

(一)标准鲸鱼优化算法

受鲸鱼觅食行为的启发，Mirjalili 提出了一种新的启发式搜索算法，即鲸鱼优化算法（WOA）。该算法的主要思想是通过模仿鲸鱼的捕食行为来解决目标问题。它有三个阶段，即包围猎物、气泡网攻击和寻找猎物。

1. 包围猎物

在包围猎物阶段，食物的位置由群体间的位置贡献决定。每个鲸鱼都朝着自己的最佳位置前进。其数学形式为等式(4-18)至等式(4-21)，其中 t 为当前迭代次数；$L(t)$ 是鲸鱼的位置；$L^*(t)$ 是迭代 t 中单个鲸鱼的最优位置；A 和 C 是相关系数，其中 A 是从 2 到 0 的递减数，r 是 0 到 1 的随机数。

$$D = \left| C \cdot L^*(t) - L(t) \right| \tag{4-18}$$

$$L(t+1) = L^*(t) - A \cdot D \tag{4-19}$$

$$A = 2a \cdot r - a \tag{4-20}$$

$$C = 2 \cdot r \tag{4-21}$$

2. 气泡网攻击

在此阶段，模拟鲸鱼的气泡行为，并利用概率 P_{WOA} 更新收缩包围圈或螺旋位置。当 $P_{WOA} < 0.5$，$|A| < 1$ 时，WOA 使用收缩包围圈，并使用公式(4-19)更新位置。当 $P_{WOA} \geqslant 0.5$ 和 $|A| < 1$ 时，进行螺旋更新，并使用公式(4-22)更新位置，其中 D' 是每个鲸鱼与当前最优个体之间的距离；b 为常系数，l 为 $-1 \sim 1$ 的随机数。

$$L(t+1) = D' \cdot e^{bl} \cdot \cos(2\pi l) + L^*(t) \tag{4-22}$$

3. 寻找猎物

当$|A| \geqslant 1$时,将随机选择的参考鲸鱼作为其他个体移动的中心,增强全局搜索能力。WOA 位置更新是使用公式(4-23)和公式(4-24)计算的,其中L_{rand}是随机获得的参考鲸鱼的位置。

$$D = |C \cdot L_{rand} - L(t)| \qquad (4-23)$$

$$L(t+1) = L_{rand} - A \cdot D \qquad (4-24)$$

(二) WOA 缺陷分析

虽然该算法具有良好的优化性能,但深度学习模型的特殊性和待优化超参数的离散分布使其容易陷入局部最优,其收敛速度相对较低。因此,使用 WOA 优化深度学习模型是有局限性的。例如,在围捕阶段,WOA 位置更新以其他鲸鱼移动的局部最优鲸鱼为中心,导致它可能陷入局部最优,此外 WOA 的优化效率也相对较低。在寻找猎物的阶段,随机选择鲸鱼作为搜索中心。虽然这一过程有助于防止陷入局部最优的情况,但搜索仍然局限于现有个体,因此搜索范围是有限的。

二、普通云局部搜索算法(NCLS)

(一) 正态云模型

云模型使用期望值(Ex)、熵(En)和超熵(He)来表示一个定性值,它既支持过程的稳定性,也支持过程中的变化。正态分布在概率论中很重要,用均值Ex和方差En来表示。设U是一个用精确数值表示的定量定义域;I表示定义域U上的一个定性概念。如果$x \in U$,则x是I的随机实现,如果$x \sim N(Ex, En'^2)$,$En' \sim N(En, He^2)$和x满足公式(4-25)对于定性概念I的定值,则x在域U上的分布称为正态云。

$$\mu = e^{-\frac{(x-Ex)^2}{2(En)^2}} \qquad (4-25)$$

(二) 基于正态云的局部搜索改进

正态云搜索(NCS)中引入的优化算法优于原有的标准算法。Li 等表明,NCS 可以有效地提高算法的局部搜索能力。由于每次迭代中可能有更多的最优个体围绕着一些最优个体,并且找到的最优位置可能是包围猎物阶段的局部最优位置,因此引入 NCS 来提高 WOA 的局部搜索能力,加快收敛速度,由此建立了 NCLS 算法。

(三) NCLS 的步骤

该算法主要用于改善 WOA 中鲸鱼种群在围合前期的位置更新,以改善该种群,其步骤如下。

步骤 1 考虑N只鲸鱼,让鲸鱼i满足$L_i = [l_{i1}, l_{i2}, \cdots, l_{ij}, \cdots, l_{iQ}]$,其中$Q$是单只鲸鱼向量的维数。

步骤 2 令$En = He = [(l_{ij})_{max} - (l_{ij})_{min}] / t$,生成正态分布随机数$En'$,期望值为$En$,标准差为$He$。

步骤 3 生成l_{ij}',它是一个正态分布的随机数,期望值为l_{ij},标准差为En'。当生成l_{ij}'时,判断$(l_{ij})_{min} < l_{ij}' < (l_{ij})_{max}$;如果不满足,则重新生成$En'$和$l_{ij}'$,直到满足为止。

步骤 4　重复步骤 2 和步骤 3,实现 N 个鲸鱼位置向量的每个维度的 NCS。

步骤 5　完成对所有鲸鱼个体的云局部搜索后,计算新个体的适应度值,并根据适应度值将新个体分类到原鲸群中。前 N 个鲸鱼被选中,鲸鱼种群的位置因此被更新。

三、遗传随机全局搜索算法(GRGS)

(一)交叉和突变原理

GA 将每条鲸鱼的位置视为一条染色体。根据交叉原理,两条染色体对应的位置被交换,交叉染色体的数量由交叉率决定。根据公式(4-26)和公式(4-27),其中 L_1 和 L_2 代表要杂交的染色体,P_c 决定杂交的数目。一般来说,选择一半的位置进行交叉。第 i 条鲸鱼表示为 $L_i = [l_{i1}, l_{i2}, \cdots, l_{ij}, \cdots, l_{iQ}]$。

$$L_1^{t+1} = P_c \cdot L_1^t + (1-P_c) \cdot L_2^t \tag{4-26}$$

$$L_2^{t+1} = P_c \cdot L_2^t + (1-P_c) \cdot L_1^t \tag{4-27}$$

通过随机选择鲸鱼个体进行突变操作,根据式(4-28)对鲸鱼进行第 i 次突变,其中 $(l_{ij})_{max}$ 和 $(l_{ij})_{min}$ 分别表示第 i 个染色体第 j 维的最小值和最大值,$[0,1]$ 范围内的 P_{ij} 表示突变程度。在突变操作中,使用突变概率 P_m 确定染色体 i 是否发生突变,随机确定突变位置 j。

$$l_{ij}^{t+1} = (l_{ij})_{min} + P_{ij} \cdot \left[(l_{ij})_{max} - (l_{ij})_{min} \right] \tag{4-28}$$

(二)基于交叉和变异的随机搜索改进

GA 遗传算法借鉴进化的思想,模拟生物遗传、突变和自然选择的过程,通过不断进化产生最优个体。遗传算法的交叉和突变操作增加了种群的多样性,扩大了种群的搜索范围。考虑到 WOA 在寻找猎物阶段的局限性,采用遗传算法通过交叉和突变生成新个体,扩大了随机搜索的范围,提高了全局搜索能力,由此建立了 GRGS 算法。

(三)GRGS 的步骤

基于交叉和突变的随机搜索主要用于增加鲸鱼种群的多样性。本书采用基于实编码的遗传交叉,GRGS 的步骤如下。

步骤 1　设置 P_c、P_j^i 和 P_m 参数 P_J^l。

步骤 2　随机选择两条染色体,使用公式(4-26)和公式(4-27)进行交叉操作,产生新的个体。

步骤 3　随机生成概率 p,判断新个体是否发生突变。如果 p 小于 P_m,则新的内个体不会发生突变。根据公式(4-28),在 1 和 Q 之间生成一个数字,确定哪个位置发生突变。

步骤 4　重复步骤 2 和步骤 3,直到原种群中的所有鲸鱼都进行了交叉和突变操作。

步骤 5　根据适应度值,淘汰劣等个体,保留一半鲸鱼。

四、GCWOA 混合搜索算法的提出

C&G&A 舰船运动预报模型的超参数为输入维数、过滤器大小、过滤器数量、池化大小

和隐藏节点。GCWOA 适应度值综合考虑了训练损失和验证损失，使用公式(4-29)计算。

$$f(x) = Loss_{train} + Loss_{validation} \qquad (4-29)$$

利用 NCS 和 NCLS 旨在提高算法的局部搜索能力和加快算法的收敛速度。考虑到遗传算法交叉和突变的随机性，设计了 GRGS 算法，用于提高了遗传算法的全局搜索能力。利用这两种改进算法，构造了 GCWOA 混合搜索算法。图 4.11 给出了混合算法的流程图，其步骤如下。

步骤 1 初始化鲸鱼位置 $[L_1, L_2, \cdots, L_j]$；每个鲸鱼 L 与 5 个维度相关联，这 5 个维度对应 5 个超参数，分别是输入维度的数量、过滤器的大小、过滤器的数量、池大小和隐藏节点的数量。

步骤 2 使用公式(4-29)计算所有鲸鱼的适应度值，并按值排序。

步骤 3 选择最佳位置，用公式(4-20)和公式(4-21)更新相关系数 A 和 C，并随机生成概率 P_{WOA}。

步骤 4 如果 $P_{WOA} > 0.5$，执行步骤 5；否则，执行步骤 6。

步骤 5 使用公式(4-22)执行螺旋位置更新，并跳到步骤 11。

步骤 6 如果 $|A| < 1$，执行步骤 7；否则，执行步骤 8。

步骤 7 执行 3.2.3 节的 NCLS 步骤，然后跳转到步骤 9。

步骤 8 执行 3.3.3 节中的 GRGS 步骤，然后跳转到步骤 10。

步骤 9 获得本次迭代的最优个体 L^*；根据公式(4-18)和公式(4-19)更新鲸鱼群的位置，然后跳到步骤 11。

步骤 10 从鲸鱼群中随机获取参考鲸鱼 L_{rand}；使用公式(4-23)和公式(4-24)更新鲸鱼的位置，然后进行步骤 11。

步骤 11 判断是否满足终止条件，如果是，则结束该过程并获得最佳超参数；否则返回步骤 2。

五、GCWOA-C&G&A 混合预测方法

(一)数据处理

使用的数据集分为训练数据集、验证数据集和测试数据集。训练数据集用于训练深度学习模型；验证数据集与训练数据集共同作为 GCWOA 优化的基础，测试数据集用于评估模型的性能。在训练深度学习模型之前，应对数据进行归一化处理，从而加快训练速度。使用公式(4-30)进行归一化计算，其中 x_i 为模型输入层第 i 个节点的输入数据；x_{max} 和 x_{min} 分别为输入序列的最大值和最小值，X_i 为 $[0,1]$ 范围内的归一化数据。

$$X_i = \frac{x_i - x_{min}}{x_{max} - x_{min}} \qquad (4-30)$$

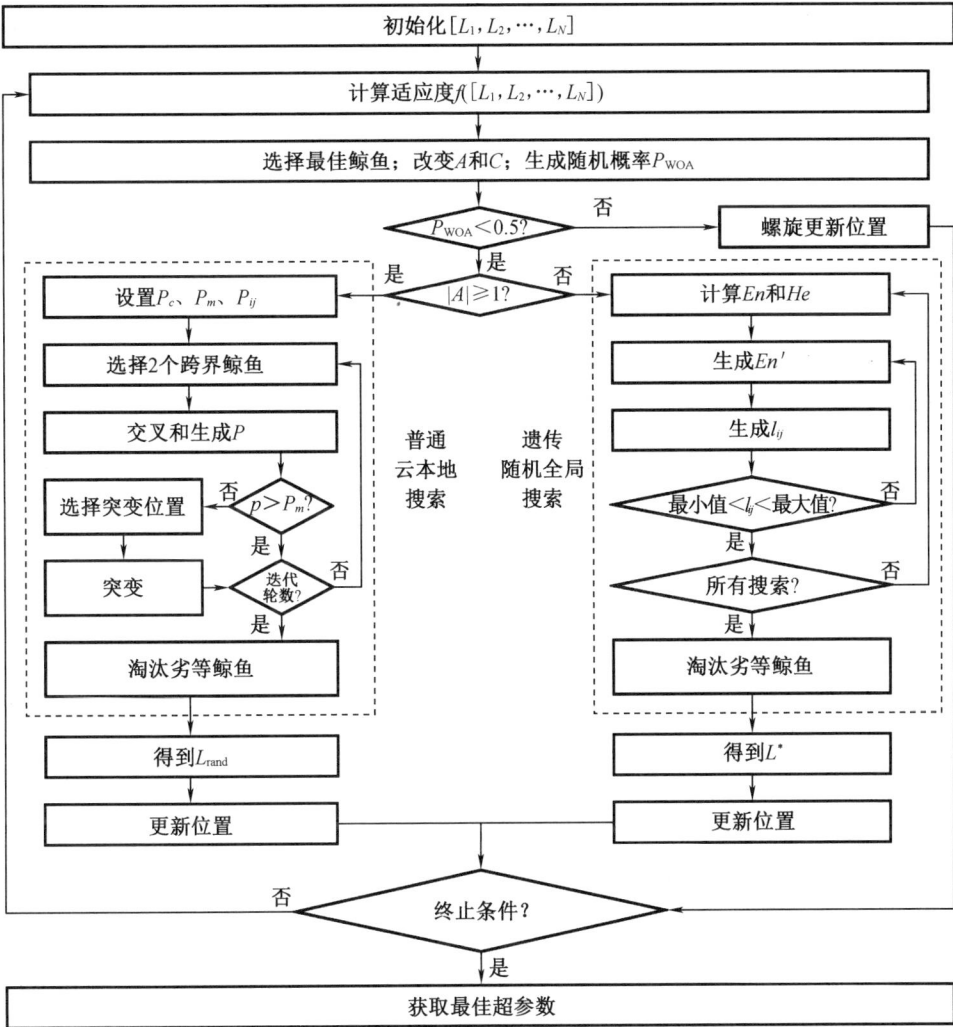

图 4.11 GCWOA 流程图

(二) 采用 GCWOA-C&G&A 混合方法进行预测

在 GCWOA-C&G&A 舰船运动混合预测方法中,使用 C&G&A 舰船运动混合预测模型进行舰船运动预测,并使用 GCWOA 对其超参数进行自动优化。若将 C&G&A 舰船运动混合预测模型嵌入 GCWOA 中,可实现预测与优化相结合。图 4.12 为 GCWOA-C&G&A 舰船运动混合预测方法流程图,其步骤如下。

步骤 1 数据预处理。对数据进行预处理,使其满足模型的输入输出格式要求;预处理包括数据规范化和训练格式处理。数据集分为训练数据、验证数据和测试数据。

步骤 2 初始化 C&G&A 舰船运动混合预测模型。设置 CNN 卷积层数和池化层数,选择各层的激活函数,确定 CNN 和 GRU 组合的结构,确定模型的输入、输出格式。

步骤 3 GCWOA 优化。首先,初始化 C&G&A 舰船运动混合预测模型的超参数。其次,将 C&G&A 舰船运动混合预测模型嵌入 GCWOA 中,包括神经网络权值初始化、网络训练、误差反向传播和权值梯度更新。最后,在训练完成后,确定是否达到最大迭代次数,如果是,则输出优化后的超参数;否则,重复上述过程。

步骤4　使用最优超参数训练和验证 C&G&A 舰船运动混合预测模型,对得到的超参数进行分配来设置一个新的 C&G&A 舰船运动混合预测模型。使用训练数据集的训练过程训练新模型,并使用验证数据集确定模型是否表现出过拟合或欠拟合。

步骤5　评估预测模型性能。在完成步骤4后,使用测试数据集评估 C&G&A 舰船运动混合预测模型的预测性能。

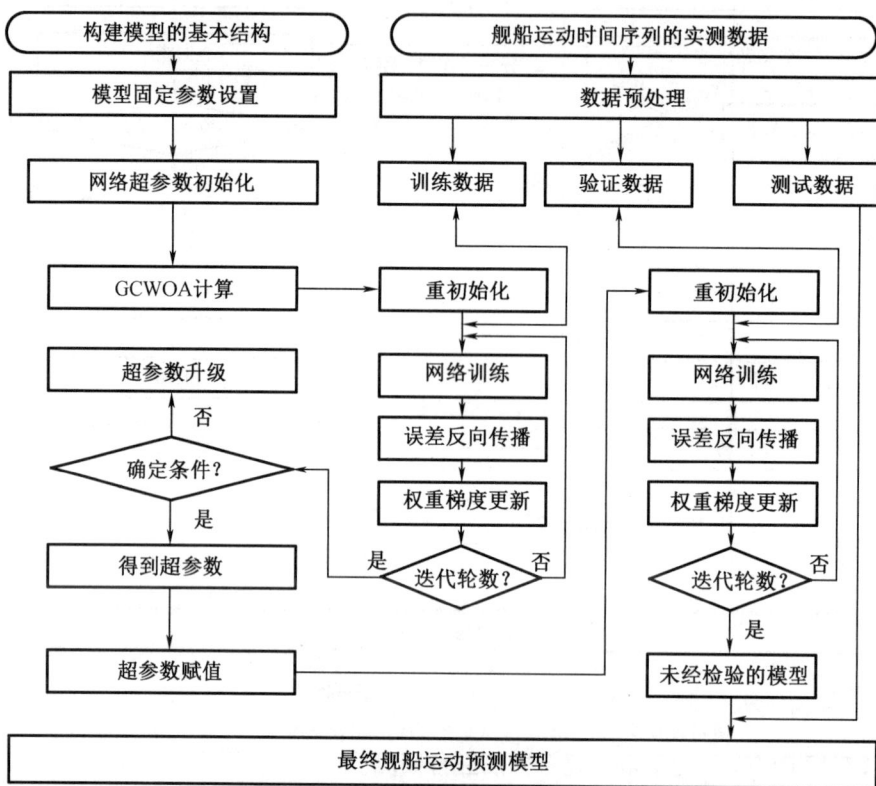

图 4.12　GCWOA-C&G&A 舰船运动混合预测方法流程图

第五节　基于改进蚁狮优化算法的 EEMD-ConvLSTM 模型超参优选方法

EEMD-ConvLSTM 浮式平台运动预测模型的预测精度与其学习网络特征的能力有关,而学习网络特征的能力又受网络层数、三维最大池层数、卷积核大小等超参数的影响。考虑到蚁狮优化算法(ALO)在优化过程中的良好性能及其存在的缺陷,本书对 ALO 进行了改进,提出了一种基于混沌映射和量子计算的混沌量子蚁群优化器混合优化算法,用于优化

EEMD-ConvLSTM 浮式平台运动预测模型的超参数。

一、ALO 算法分析

ALO 算法包括五个阶段,即蚁狮建造陷阱、蚂蚁随机行走、蚂蚁落入陷阱、蚁狮成为精英、蚁狮捕食蚂蚁并重建陷阱。

(一) 蚁狮建造陷阱

ALO 算法根据蚁群的适应度,从上一代蚁狮中选择基于轮盘赌的蚁狮来构建陷阱。这一机制使得适合度较高的蚁狮有更大的机会建立陷阱。

(二) 蚂蚁随机行走

蚂蚁随机绕过蚁狮陷阱的公式如下:

$$C(A_{i,j}^t) = [0, \mathrm{cumsum}(2r(t_i)-1), \cdots, \mathrm{cumsum}(2r(T_{\max})-1)] \qquad (4\text{-}31)$$

$$r(t) = \begin{cases} 1, \mathrm{rand}>0.5 \\ 0, \mathrm{rand}\leq0.5 \end{cases} \qquad (4\text{-}32)$$

式中,cumsum 是计算累积和的函数;$C(A_{i,j}^t)$ 可以看作是在第 n 次迭代过程中,第 i 只蚂蚁归一化前的第 j 个变量的随机行走步长;$T_{\max}$ 为最大迭代次数;t_i 为当前迭代次数;rand 为 0 到 1 的随机数。

在每次迭代中,蚂蚁使用随机游走来更新它们的位置。由于搜索空间的范围有限,需要将公式归一化如下:

$$A_{i,j}^t = \frac{(C(A_{i,j}^t)-a_j)\times(ub_j^t-lb_j^t)}{b_j-a_j}+lb_j^t \qquad (4\text{-}33)$$

$$a_j = \min C(A_{i,j}^t), b_j = \max C(A_{i,j}^t) \qquad (4\text{-}34)$$

式中,a_j 和 b_j 分别为累加和矩阵中的最小值和最大值;ub_j^t 为第 t 次迭代中第 j 维变量的上界;lb_j^t 为第 t 次迭代中第 j 维变量的下界。

(三) 蚂蚁落入陷阱

蚁狮搭建陷阱,蚂蚁在陷阱周围随机走动,试图从陷阱中逃脱,蚁狮投掷沙子防止蚂蚁逃脱,并使蚂蚁落入陷阱底部,蚂蚁和蚁狮陷阱半径的缩小可以用来模拟蚂蚁的过程。在 ALO 算法中,第 j 维变量的上下界参数随迭代次数的增加而自适应减小:

$$ub_j^t = ub_j^t/I$$
$$lb_j^t = lb_j^t/I \qquad (4\text{-}35)$$

$$I = 10^\omega t/T_{\max} \qquad (4\text{-}36)$$

式中,ω 与当前迭代次数有关,其数学表达式为

$$
\omega = \begin{cases} 2, t>0.1T_{\max} \\ 3, t>0.5T_{\max} \\ 4, t>0.7T_{\max} \\ 5, t>0.9T_{\max} \\ 6, t>0.95T_{\max} \end{cases} \quad (4-37)
$$

蚂蚁的随机行走受到蚁群设置陷阱的影响。本书结合蚁群行走的上界和下界参数,提出了蚁群设置陷阱范围的计算公式:

$$
ub_j^t = \begin{cases} AL_{ij}^t + ub_j^t, \mathrm{rand}>0.5 \\ AL_{ij}^t - ub_j^t, \mathrm{rand} \leqslant 0.5 \end{cases}
$$

$$
lb_j^t = \begin{cases} AL_{ij}^t + lb_j^t, \mathrm{rand}>0.5 \\ AL_{ij}^t - lb_j^t, \mathrm{rand} \leqslant 0.5 \end{cases} \quad (4-38)
$$

式中,ub_j^t 为第 j 次迭代时第 j 维变量的上界;lb_j^t 为第 t 次迭代时第 j 维变量的下界。其中,j 是第 i 次迭代中第 i 只蚂蚁的第 j 维变量。

(四)蚁狮成为精英

精英化是进化算法的一个重要特征,它使整个种群收敛于最优解。在 ALO 算法中,每代适应度最好的蚁狮称为精英蚁狮。每只蚂蚁的随机行走不仅受轮盘赌选择蚁狮的影响,还受精英蚁狮的影响:

$$
A_i^t = \frac{R_A^t + R_E^t}{2} \quad (4-39)
$$

式中,R_A^t 为轮盘赌中蚂蚁围绕选定蚁群的随机游走分量;R_E^t 为蚂蚁围绕精英蚁群的随机游走分量;A_i^t 为第 i 只蚂蚁在第 t 次迭代中的位置。

(五)蚁狮捕食蚂蚁并重建陷阱

当被捕食蚂蚁的适合度优于与其相关的蚁群时,就会发生捕食行为,即蚁群将自己的位置更新到上次被捕食蚂蚁的位置。更新蚁群位置的公式如下:

$$
AL_j^t = A_j^t \; if \; f(A_j^t) < f(AL_j^t) \quad (4-40)
$$

式中,AL_j^t 为第 j 只蚁狮在第 n 次迭代中的位置;At_j^t 为第 j 只蚂蚁在第 n 次迭代中的位置;$f(A_j^t)$ 和 $f(AL_j^t)$ 分别为蚂蚁和蚁狮在当前位置的适应度值。

二、ALO 算法缺陷分析

虽然 ALO 算法具有简单、收敛精度高等优点,但也存在一些缺陷。首先,ALO 算法计算复杂度高。在蚁群随机行走过程中,通过计算累积和得到随机行走的分量大小。当迭代次数为 t 时,需要进行 t 次求和运算。然而,对于种群中的每个个体,需要在每个维度上计算随机行走分量,这种随机行走方法的明显优势尚未得到证明。在这种情况下,计算量的增加导致算法运行效率降低。其次,游戏缺少重生机制。当蚂蚁个体经过多次随机行走后适应性无法提高时,算法缺乏再生机制来替代搜索效率低的个体,计算效率低的个体无法参与种群更新,无法在更大的空间内随机搜索,导致算法效率下降,增加了陷入局部最优的可能性,导致算法过早收敛的现象。

三、量子全局搜索算法的设计(QRSA)

(一)量子计算原理

在量子空间中,粒子的速度和位置不能同时确定。因此,用波函数 $\psi_{x,t}^1$ 来描述粒子的状态,通过求解薛定谔方程得到粒子在空间某一点的概率密度函数,然后根据式(4-41),通过蒙特卡罗模拟得到粒子的位置。

$$x_{id}^t = p \pm \frac{L}{2}\ln(1/u) \tag{4-41}$$

式中,u 为[0,1]范围内变化的随机数,p 由式定义,L 由式(4-43)定义。

$$p(t+1) = \varphi_1 \times p_i^{dt} + (1-\varphi_2) \times p_g^t \tag{4-42}$$

式中,d 为颗粒大小;φ_1、φ_2 为[0,1]范围内变化的随机数;p_i^{dt} 为粒子 i 当前最优位置;p_g^t 是历史上第 i 个粒子的最佳位置。

$$L(t+1) = 2\beta \left| mbest - x_{id}^t \right| \tag{4-43}$$

式中,$mbest$ 为平均最优位置,用来表示所有粒子的当前平均最优解,定义如下:

$$mbest = \max_{\forall d}\left\{ \sum_{i=1}^M p_i^d / M \right\} \tag{4-44}$$

式中,$\beta = \dfrac{\max(dt-i)}{\max dt} - 0.5$ 为收缩膨胀系数,M 为颗粒数,$\max dt$ 为最大迭代次数。

最后,粒子的位置由式(4-45)给出:

$$x_{id}^{t+1} = \begin{cases} p + \beta \left| mbest - x_{id}^t \right| * \ln(1/u) & rand \leqslant 0.5 \\ p - \beta \left| mbest - x_{id}^t \right| * \ln(1/u) & rand \geqslant 0.5 \end{cases} \tag{4-45}$$

(二)基于量子计算的随机搜索改进

普通 ALO 算法具有较高的计算复杂度,在蚂蚁随机行走的进化计算公式中,普通 ALO 算法使用累积和作为蚂蚁随机行走步长的系数,每只蚂蚁在随机行走的每个维数中需要计算一次累积和矩阵,计算量很大。为了减少算法的计算量,本书采用量子计算位置更新公式代替蚂蚁随机行走的进化计算公式。改进后的蚂蚁位置更新公式如下:

$$A_j^{t+1} = \begin{cases} p + \beta \left| mbest - A_j^t \right| * \ln(1/u) & rand \leqslant 0.5 \\ p - \beta \left| mbest - A_j^t \right| * \ln(1/u) & rand \geqslant 0.5 \end{cases} \tag{4-46}$$

量子计算可以在探索和开发过程之间产生稳定性,有效地减少计算时间和复杂性。针对蚂蚁随机行走过程中 ALO 算法的局限性,借鉴量子计算的思想,通过量子计算更新蚂蚁的位置,建立量子全局搜索算法(QRSA),从而减少计算量,提高搜索效率。

四、蚁狮陷阱混乱重建机制(ALTCR)

(一)混沌序列发生器

混沌是确定性非线性系统中看似不规则的运动。混沌与均匀分布和高斯分布相比,既有相似的随机特性,又有不同的随机特性,可以在没有任何随机因素的情况下表现出随机行为。混沌的规律性使得通过一定的迭代可以产生新的解。混沌的随机性可以使搜索跳出当前最优,从而防止迭代搜索陷入局部最优。最重要的是,如果混沌的参数被很好地选择和验证,它的遍历性可以使它的最终解在任何精度上近似于真正的最优解。虽然混沌扰动产生的随机数不能支持算法在连续变量空间中完成遍历搜索,但混沌变量在计算机能表示的精度范围内是可行的。

目前,通常使用 Logistic、Tent、An 和 Cat 映射函数作为混沌序列发生器。Li 等分析了四种映射函数的混沌特性,结果表明,在迭代过程中,Cat 映射函数的分布相对均匀,不存在循环现象,具有良好的混沌分布特性,理论上可以提高种群多样性。

标准二维 Cat 映射函数(基于二维)的迭代形式如下:

$$\begin{cases} x_{n+1} = (x_n + y_n) \bmod 1 \\ y_{n+1} = (x_n + 2y_n) \bmod 1 \end{cases} \tag{4-47}$$

通常将公式(4-47)表示为矩阵形式:

$$\begin{bmatrix} x_{n+1} \\ y_{n+1} \end{bmatrix} = \begin{bmatrix} 1 & 1 \\ 1 & 2 \end{bmatrix} \begin{bmatrix} x_n \\ y_n \end{bmatrix} \bmod 1 \tag{4-48}$$

式中,"mod1"运算取实数的小数部分。Cat 映射函数的系数矩阵的特征值为 $\sigma_1 = 2.618 > 1$, $\sigma_2 = 0.382 < 1$,由此得出 Cat 映射函数的最大 Lyapunov 指数为 $\lambda_1 = \ln 2.618 > 0$

(二)基于 Cat mapping 的蚁狮陷阱改进

在标准 ALO 算法中,群体的进化主要取决于精英蚁狮和轮盘赌中选出的蚁狮的影响。当精英蚁狮陷入局部最优或蚂蚁随机行走停滞时,算法缺乏重置机制来改善算法优化的停滞。因此,本书利用混沌搜索的遍历性将混沌搜索引入 ALO 算法中,在算法优化停滞时对种群中适应度较差的个体进行混沌搜索操作,提高了随机性,增加了蚁狮中个体跳出局部最优的概率。

混沌搜索在 ALO 算法陷阱重构中的具体应用是:在每次迭代中,选取适应度最后达到50%的蚁群个体进行混沌搜索,将蚁狮个体的位置变量归一化为混沌变量,生成下一代混沌变量,并将其映射回原搜索空间,得到新的解。如果新解的适应度优于原解,则替换原个体位置;否则,将继续混沌搜索,并在达到最大搜索次数时跳出循环。

五、CQALO 混合搜索算法的提出

本书利用量子计算的优势,改进了 ALO 算法中蚂蚁位置的更新方式,减少了算法的计算量,提高了算法的全局寻优效率,考虑到 ALO 算法的过早收敛性,引入 Cat 映射,保证 ALO 算法在后期仍能跳出局部最优。在上述两种改进算法的基础上,构造了 CQALO 混合搜索算法,并将其用于优化本书提出的 EEMD-ConvLSTM 浮式平台运动预测模型的超参数。CQALO 混合搜索算法的伪代码如图 4.13 所示,流程图如图 4.14 所示。

1.　　初始化入口的大小,输入数据集;

2.　　设迭代 $t=1$,最大迭代次数 t_{max};

3.　　初始化蚂蚁和蚁狮的位置;

4.　　利用适应度函数计算蚂蚁和蚁狮的适应度值;

5.　　If(当前适应度>先前适应度)then

6.　　　　将当前适应度设置为精英;

7.　　Else

8.　　　　将先前的适应度设定为精英;

9.　　End if

10.　　While $t < t_{max}$ do

11.　　　　使用量子计算更新蚂蚁的位置;

12.　　　　更新蚁狮位置;

13.　　　　计算蚂蚁和蚁狮更新位置的适应度值;

14.　　　　If(当前适应度 > 精英)then

15.　　　　　　将当前适应度设定为新的最佳精英

16.　　　　Else

17.　　　　　　将精英定位为新的最佳精英

18.　　　　End if

19.　　　　For $i:n$（n=蚂蚁数量）do

20.　　　　选择一个蚁狮使用轮盘赌轮盘

21.　　　　　　使用式(4-38)创建一个随机漫步

22.　　　　　　使用式(4-40)对随机游走进行归一化

23.　　　　　　通过式(4-47)更新蚂蚁的位置

24.　　　　End for;

25.　　　　For $i:n$ do

26.　　　　　　计算所有蚂蚁的适应度值

27.　　　　　　If(蚂蚁的适应度值 > 蚁狮的适应度值)then

28.　　　　　　　　将蚁狮的适应度值替换为蚂蚁的适应度值

29.　　　　　　Else if(蚁狮适应度 > 精英)then

30.　　　　　　　　用蚁狮的适应度值代替精英适应度

31.　　　　　　Else

32.　　　　　　　　保持精英的适应度为最佳适应度

33.　　　　　　End if

34.　　　　End for

35.　　　　利用 Cat 映射来更新 50%的蚂蚁位置

36.　　　　计算所有蚂蚁的适应度值;

37.　　　　　　If(旧蚂蚁的适应度值 > 新蚂蚁的适应度值)then

38.　　　　　　将旧蚂蚁的适应度值替换为新蚂蚁的适应度值;

39.　　　　Else

40.　　　　　　$t=t + 1$;

41.　　　　End if

42.　　End while

43.　　直到获得最优适应度值或满足最大迭代

图 4.13　CQALO 混合搜索算法的伪代码

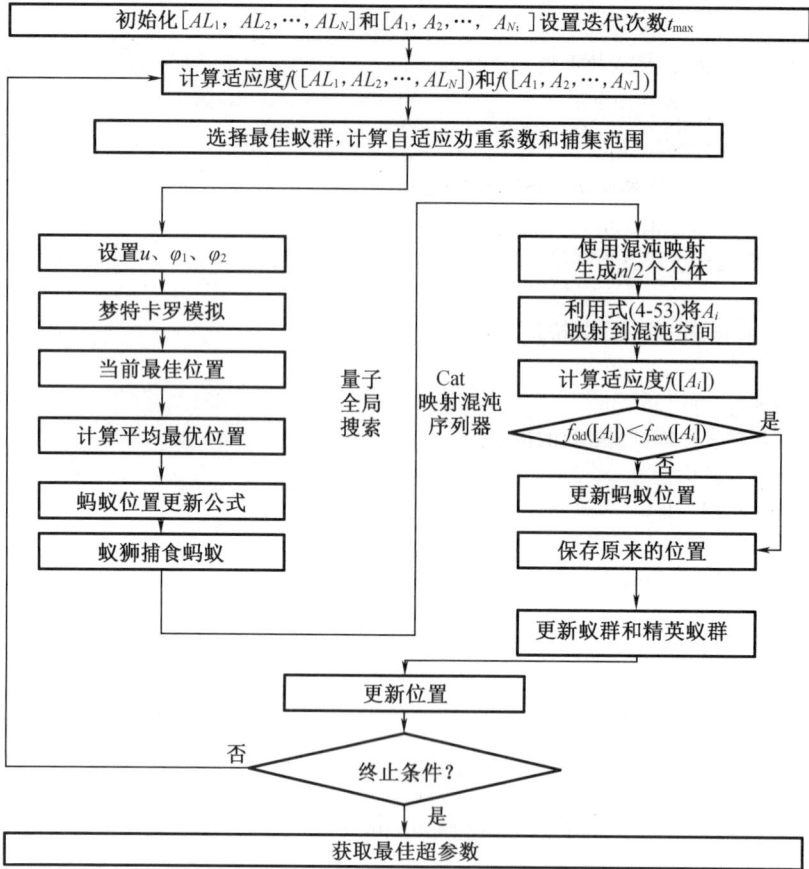

图 4.14 CQALO 混合搜索算法流程图

六、EEMD-ConvLSTM-CQALO 浮式平台运动混合预测方法

研究人员将 EEMD-ConvLSTM 模型与 CQALO 算法相结合,建立了 EEMD-ConvLSTM-CQALO 浮式平台运动混合预测方法。在 EEMD-ConvLSTM-CQALO 浮式平台运动混合预测方法中,采用 EEMD 对浮式平台运动时间序列进行模态分解,使浮式平台运动时间序列更加稳定。利用 ConvLSTM 对浮式平台运动非线性动力系统进行仿真,对浮式平台运动非线性动力系统进行深入分析,并对浮式平台运动时间序列进行预测。采用 CQALO 对 EEMD-ConvLSTM 浮式平台运动预测模型进行超参数优化,提高 EEMD-ConvLSTM 对浮式平台运动非线性动力系统的仿真精度。

EEMD-ConvLSTM-CQALO 浮式平台运动混合预测方法流程图如图 4.15 所示,具体步骤主要包括以下几个部分。

步骤 1　数据预处理。

为了保证数据的完整性和准确性,需要对浮式平台运动原始时间序列及其影响因素进行清理,具体操作包括缺失数据补充、突变数据平滑、异常值删除等。

步骤 2　数据模态分解。

在处理后的数据基础上,按照 EEMD 模型流程对浮式平台运动时间序列进行模态分解,得到模态分量 IMF$_i$ 和 Res。将 EEMD 分解后的数据集分为训练、验证和测试数据子集。

步骤 3　模型结构和算法参数初始化。

设置 EEMD 模型、ConLSTM 网络和 CQALO 算法参数。初始化 CQALO 算法的种群,获得种群的第一代个体。将 CQALO 的每个个体定义为一个矩阵,个体矩阵的第 i 行向量表示 ConvLSTM$_i$ 的超参数向量。ConvLSTM$_i$ 网络对应 IMF$_i$,单个矩阵的行数表示模态分量的数量,单个矩阵的列数表示 ConvLSTM$_i$ 网络的超参数个数。

步骤 4　EEMD-ConvLSTM 训练。

使用 ConvLSTM 网络的平均绝对百分比误差(MAPE)作为 CQALO 的适应度函数,公式如下。

$$\text{Fitness} = \text{MAPE}(\%) = \frac{100}{N} \sum_{i=1}^{N} \left| \frac{\hat{f}_i(x) - f_i(x)}{f_i(x)} \right| \tag{4-49}$$

式中,N 为预测周期数;$f_i(x)$ 为第 i 个周期的实际值;$\hat{f}_i(x)$ 为第 i 个周期的预测值。

基于训练数据集,训练每个 ConvLSTM$_i$,计算回归值 y_i,将每个 IMF$_i$ 对应的 y_i 求和,根据公式(4-49)得到最终回归值 y,计算 CQALO 的适应度函数。

步骤 5　利用 CQALO 进行超参数优化。

根据得到的适应度函数值,执行 CQALO 的进化过程,如果满足迭代停止准则,则得到 EEMD-ConvLSTM 的超参数,然后转到步骤 6,否则继续执行迭代。

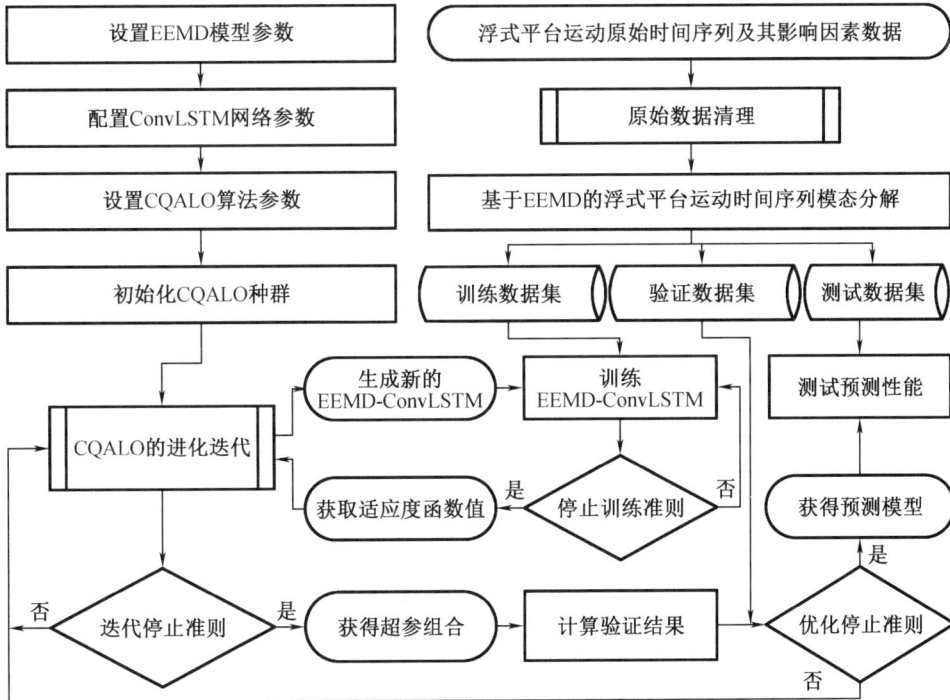

图 4.15　EEMD-ConvLSTM-CQALO 浮式平台运动混合预测方法流程图

步骤 6　超参数性能验证。

基于验证数据集,使用带有超参数的 EEMD-ConvLSTM 网络,计算浮式平台运动的预测值,如果满足优化停止准则,则终止超参数优化,转到步骤 7,否则转到步骤 5,继续执行迭代。

步骤 7　浮式平台运动预测。

在测试数据集的基础上,利用超参数 EEMD-ConvLSTM 网络对预测结果进行计算,计算误差评价值,并对预测性能进行了分析。

第五章 舰船及浮式平台运动预报典型案例

为了测试建立模型和提出算法的可行性与优越性,本章基于 5 个舰船及浮式平台运动预报的典型案例,开展了舰船及浮式平台舰船运动预报模型及算法的测试分析。

第一节 基于混沌蝙蝠算法和混合核 SVR 的舰船运动预测方法实例分析

一、试验数据集

试验是作者基于一个科研项目进行的,主要研究了新船航行过程中船舶运动的预测与减摇方法。科考船是一艘马士基三型 E 级集装箱船。该船的参数是:全长 400 m (约 1 312 ft);全宽 59 m(约 194 ft);吃水(或吃水)14. 5 m。所使用的数据是在研究项目中通过实际在海上航行的船舶上的运动检测装置在不规则波浪的耦合作用下收集的。海况包括 6 至 7 级东北风,8 级阵风,海浪高度为 2. 5~4. 0 m。使用安装在浮式平台上的运动传感器(传感器类型:瑞典 SMC S-108)测量和记录滚动运动数据。数据采集于 2017 年 3 月 18 日和 19 日,间隔 1 s。剔除异常数据后,共留下 3 770 条数据(图 5.1)。试验数据分为三个阶段——增长阶段(阶段一)、稳定阶段(阶段二)和衰弱阶段(阶段三),以检验所提出的预测方法的稳健性。每个阶段的数据条数分别为 1 196、1 252 和 1 322。每个阶段的数据分为训练集和测试集两个子集。阶段一的训练数据条数为 883,测试数据条数为 313,如图 5.2 所示。阶段二的训练数据条数为 942,测试数据条数为 310。阶段三的训练数据条数为 982,测试数据条数为 340。

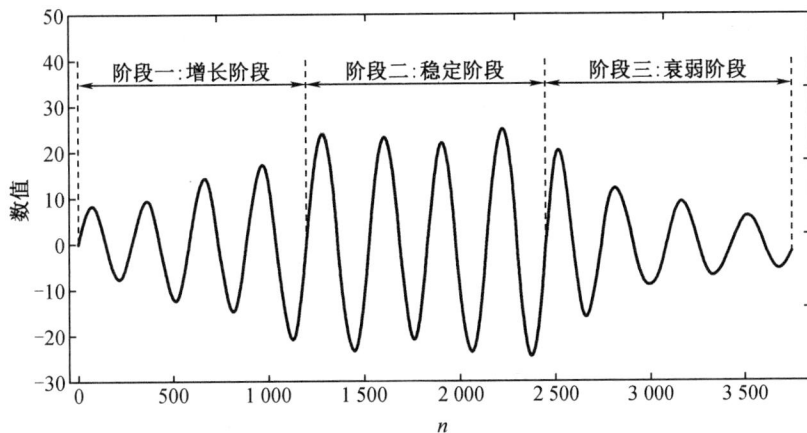

图 5.1 数据集

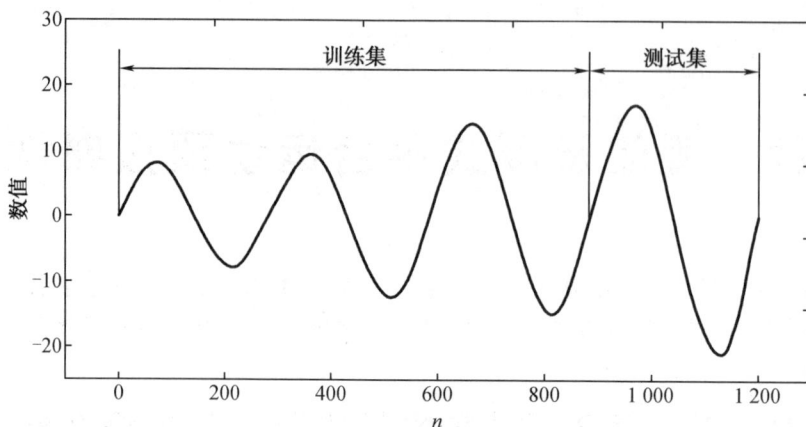

图 5.2　阶段一数据分布

二、原始数据的 EEMD 分解

采用 EEMD 方法对三个阶段的数据进行分解。对数据进行分解得到 9 个 IMFs 和每个阶段 i 的残差 B_i，表示为 $\{IMF_j, B_i\}$，其中 $i = 1, 2, 3; j = 1, 2, \cdots, 9$。图 5.3 和图 5.4 显示了阶段一和阶段二的分解结果

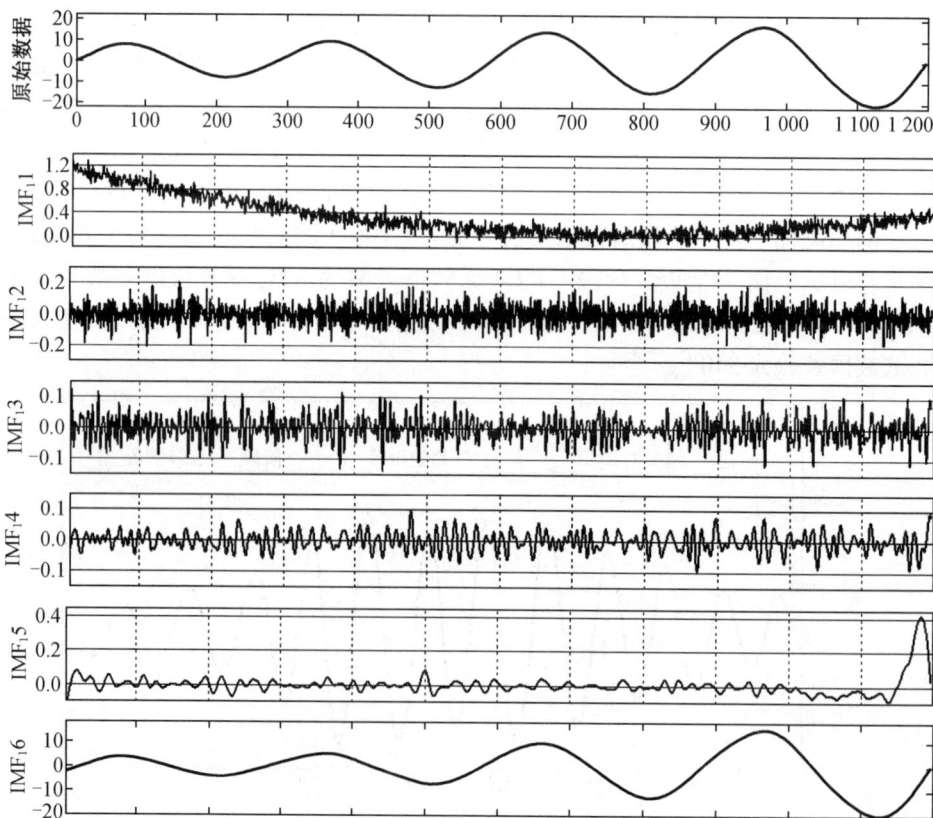

图 5.3　阶段一原始数据的分布结果

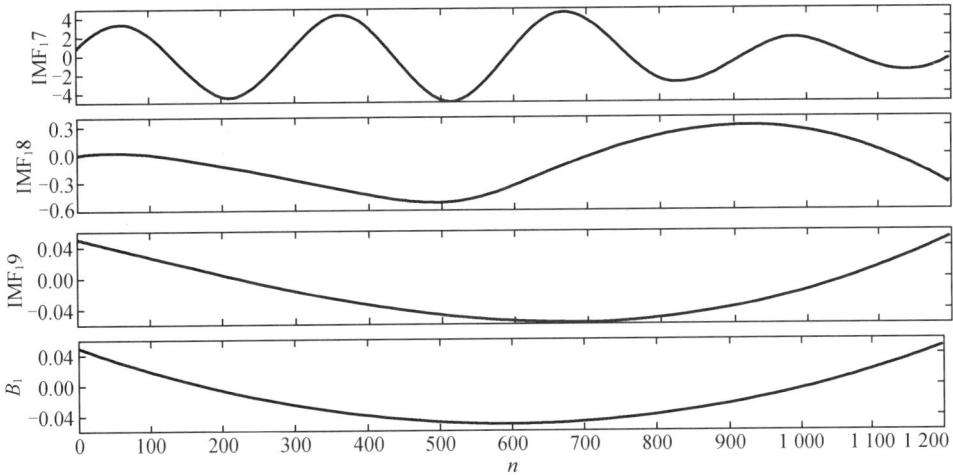

图 5.3(续)

舰船运动时间序列数据具有明显的多尺度特征。9 种 IMFs 的频率逐渐下降,揭示了不同因素引起的波动特征。残差 B 是一个低频分量,它捕获了原始舰船运动时间序列的变化。在第一阶段和第三阶段,$IMF_1 1$ 和 $IMF_3 1$ 分别呈现增加和减少的趋势,表明舰船运动在共振激励下分别是不稳定的和稳定的。在阶段二中,分量 $IMF_2 1$ 呈现稳定波动趋势,表明当平台受到外力作用时,舰船运动变得稳定。

$\{IMF_i j, B_i\}$ ($i=1,2,3; j=2,3,4,5$) 是高频信号,并呈现非均匀变化,表明舰船运动受到非线性外力的影响,例如与风、波浪和洋流相关的外力。$\{IMF_i j, B_i\}$ ($i=1,2,3; j=6,7,8,9$) 为低频信号,周期较大,反映了浮体在长周期外力作用下呈现长周期运动。残余组件 B_1、B_2 和 B_3 是舰船运动的长期趋势。因此,EEMD 方法可以揭示原始数据中捕获的舰船运动的特征。分解后的数据组分的变化比原始数据更平滑、更稳定,有利于舰船运动时间序列的分析和预测。

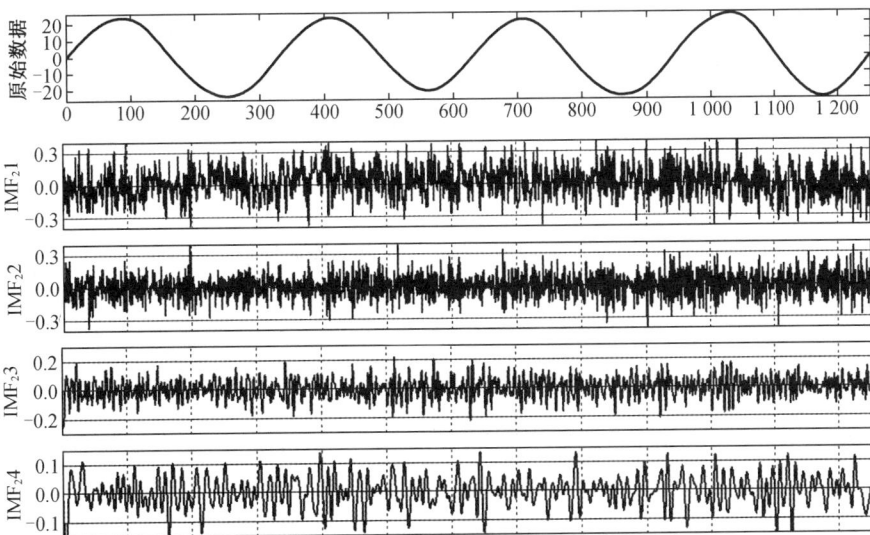

图 5.4 阶段二原始数据的分布结果

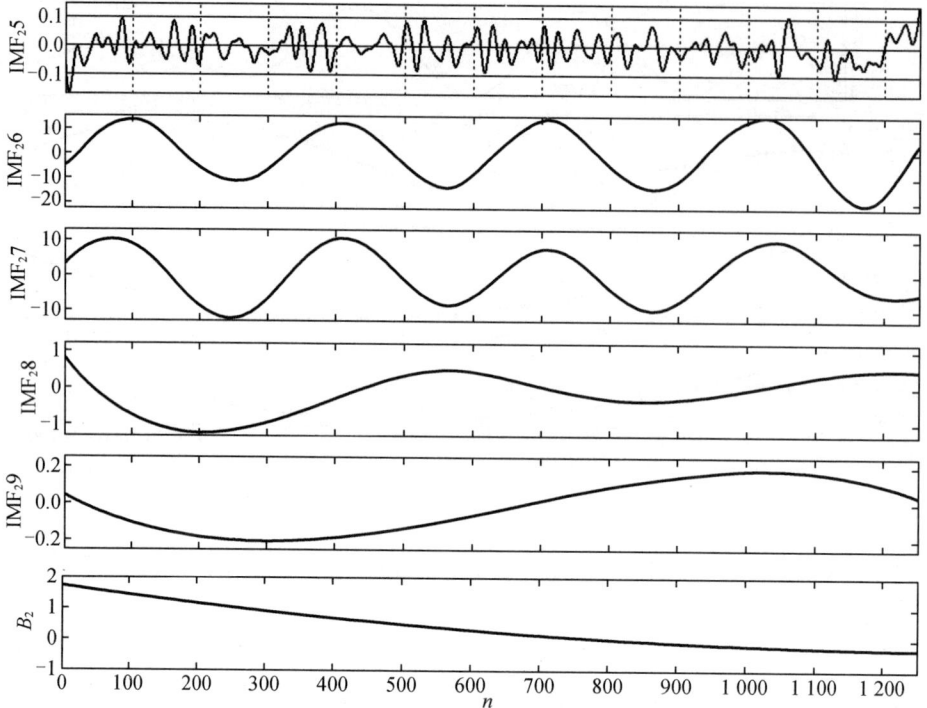

图 5.4(续)

三、预测舰船运动

在本次调查中,所有的预测模型都是在同一台(CPU 为 Intel(R)Core(TM)i7 3.4 GHz,内存为 4 GB RAM)个人计算机上使用 MATLAB 2010a 软件建立的。每个获得的 IMFs 数据分别分为训练集和测试集。提出的混沌高效蝙蝠算法用于确定三种基于核的支持向量回归模型(K_{poly} 支持向量回归、K_{rbf} 支持向量回归和 K_{Fsig} 支持向量回归)的输入向量个数 N 和参数组合。然后,计算预测值和相关的 MAPE 值。利用式(3-9)计算出每个核函数的权值,即 λ_i,并得到式(3-7)的混合核函数。例如,表 5.1 给出了与阶段一各 IMF 相对应的 λ_i 值。K_{rbf} 显然是各 IMF 中权重最大的;相反,对于残差部分,三个核函数的权重几乎相等。因此,混合核函数显示出它的实用价值。

表 5.1 阶段一各 IMF 的混合核函数

模式组件	混合核函数(K_{HK})	权重值		
		λ_1	λ_2	λ_3
$IMF_1 1$	$0.37K_{poly}+0.33K_{rbf}+0.30K_{Fsig}$	0.37	0.33	0.30
$IMF_1 2$	$0.36K_{poly}+0.44K_{rbf}+0.20K_{Fsig}$	0.36	0.44	0.20
$IMF_1 3$	$0.26K_{poly}+0.43K_{rbf}+0.31K_{Fsig}$	0.26	0.43	0.31
$IMF_1 4$	$0.33K_{poly}+0.47K_{rbf}+0.20K_{Fsig}$	0.33	0.47	0.20
$IMF_1 5$	$0.25K_{poly}+0.50K_{rbf}+0.25K_{Fsig}$	0.25	0.50	0.25

表 5.1(续)

模式组件	混合核函数(K_{HK})	权重值		
		λ_1	λ_2	λ_3
IMF_16	$0.30K_{poly}+0.48K_{rbf}+0.22K_{Fsig}$	0.30	0.48	0.22
IMF_17	$0.33K_{poly}+0.50K_{rbf}+0.17K_{Fsig}$	0.33	0.50	0.17
IMF_18	$0.35K_{poly}+0.40K_{rbf}+0.25K_{Fsig}$	0.35	0.40	0.25
IMF_19	$0.32K_{poly}+0.44K_{rbf}+0.24K_{Fsig}$	0.32	0.44	0.24
$B_1(t)$	$0.31K_{poly}+0.32K_{rbf}+0.37K_{Fsig}$	0.31	0.32	0.37

采用与各分量相对应的基于混合核的 SVR 模型对三个阶段的舰船运动值进行预测。每个阶段的预测是由每个分量的预测计算得出的。例如,图 5.5 给出了阶段一中各分量对应的实际值和预测值。表 5.2 给出了预测值的 MAPE 和 RMSE。

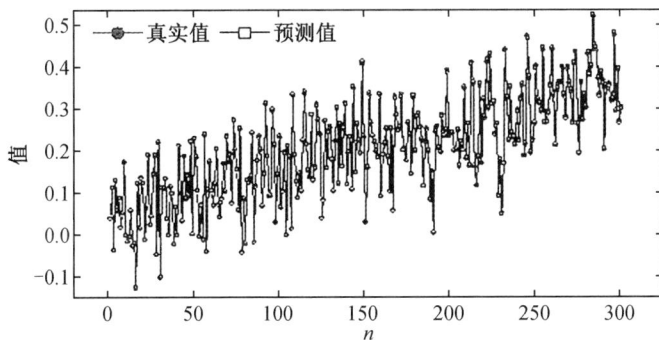

(a)IMF_11

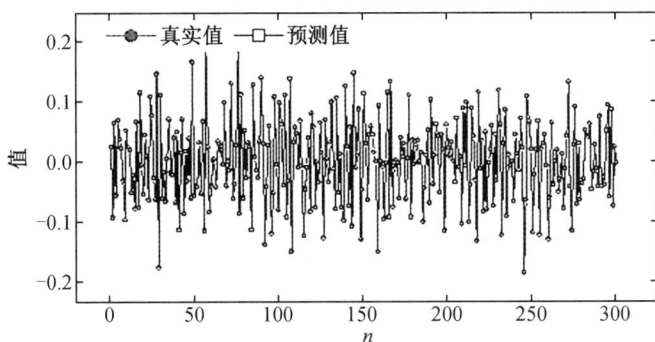

(b)IMF_12

图 5.5 各 IMF 对阶段一的预测结果

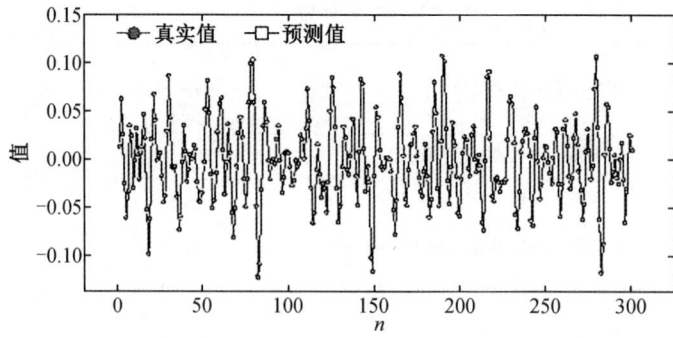

（c）$IMF_1 3$

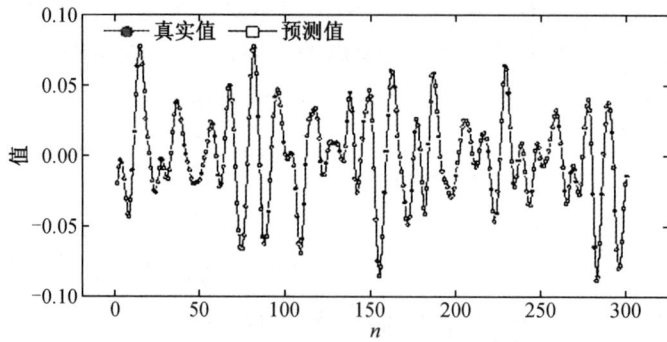

（d）$IMF_1 4$

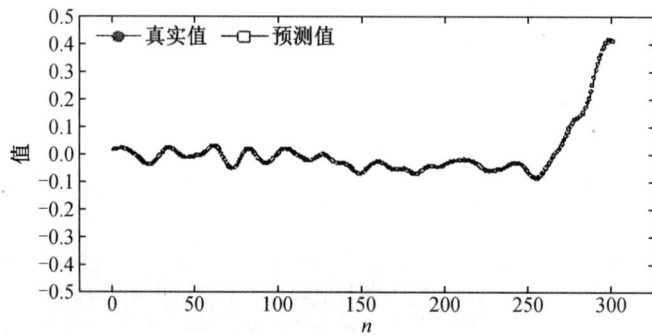

（e）$IMF_1 5$

图 5.5（续 1）

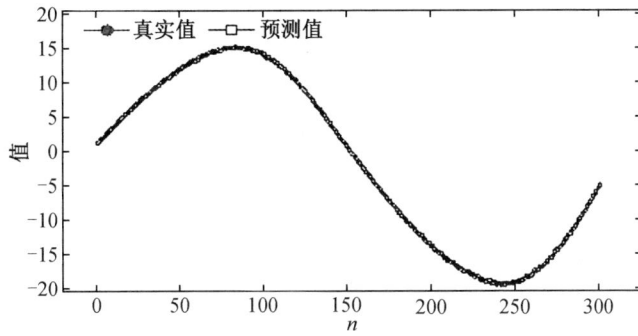

(f) IMF₁6

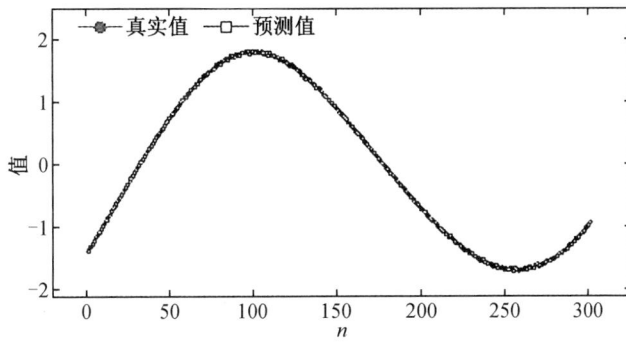

(g) IMF₁7

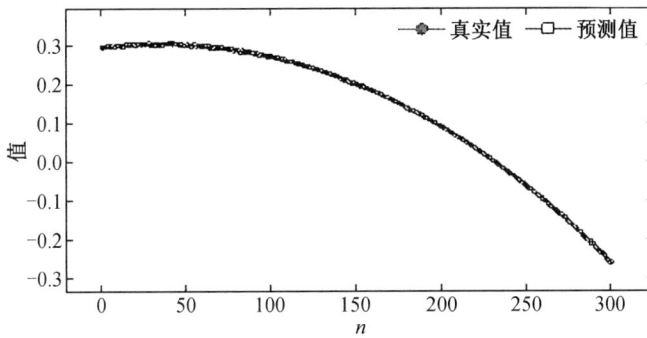

(h) IMF₁8

图 5.5(续 2)

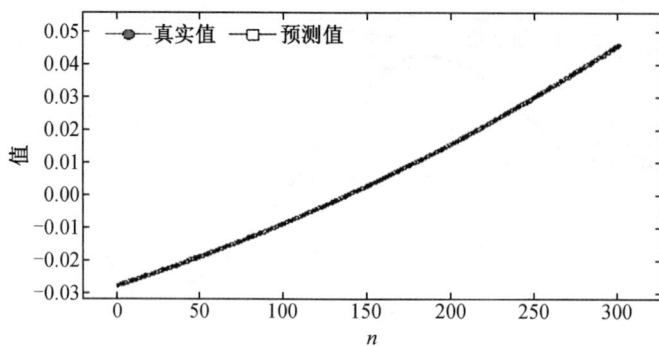

（i）IMF_19

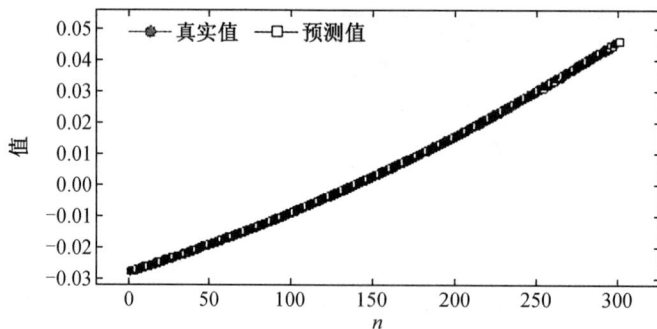

（j）B_1

图 5.5（续 3）

如图 5.3 和表 5.2 所示，各分量对应的预测值变化与实际值变化基本一致，说明各分量时间序列数据捕捉到的物理特征比 EEMD 获取的物理特征更为显著，有利于构建舰船运动预测模型。各分量对应的预测值 RMSE 和 MAPE 分别约为 0.12 和 1.55，表明本书提出的基于 EEMD 多尺度分解的混合核 SVR 是可行的。

表 5.2 基于混合核的 SVR 模型对各模态分量的预测性能

阶段	模式组件									残差
阶段一	IMF_11	IMF_12	IMF_13	IMF_14	IMF_15	IMF_16	IMF_17	IMF_18	IMF_19	$B_1(t)$
RSME	0.003 38	0.000 69	0.000 43	0.000 43	0.000 94	0.111 47	0.012 35	0.002 04	0.000 14	0.000 10
MAPE	1.338	0.986	0.966	0.956	0.886	0.866	0.976	0.896	0.514	0.404
阶段二	IMF_21	IMF_22	IMF_23	IMF_24	IMF_25	IMF_26	IMF_27	IMF_28	IMF_29	$B_2(t)$
RMSE	0.002 51	0.001 53	0.000 57	0.000 48	0.000 50	0.101 09	0.037 00	0.001 66	0.000 560	0.000 71
MAPE	1.541	1.214	0.895	0.905	0.895	0.794	0.585	0.484	0.384	0.284
阶段三	IMF_31	IMF_32	IMF_33	IMF_34	IMF_35	IMF_36	IMF_37	IMF_38	IMF_39	$B_3(t)$
RMSE	0.010 72	0.000 57	0.000 30	0.000 16	0.000 13	0.001 77	0.018 21	0.001 21	0.000 21	0.000 04
MAPE	1.489	0.942	0.874	0.704	0.524	0.493	0.487	0.384	0.344	0.284

四、预测绩效分析

(一) 参数设置

在本书中,所有使用的算法的关键参数是基于作者在三个阶段中对所选数据的试验确定的。本书所使用的模型参数设置如下:对于模型7,使用 SPSS 11.5 软件对每个阶段的每个分量进行拟合,得到 ARIMA 模型中的每个分量,然后通过将相应模型分量的预测值相加计算每个阶段的值。对于模型6,训练函数为 Trainlm 函数,训练集数据的最大条数设置为15 000,学习效率设置为 0.25,这些都是通过使用三个阶段的数据进行试算确定的。

同样,对于模型1~5,利用三个阶段的数据通过试算确定参数:种群规模 $n = 20$;最小和最大值的声波频率 $F_{max} = 1$ 和 $F_{min} = -1$;脉冲强度衰减系数 $\gamma = 0.95$;脉冲频率增加因子 $\delta = 0.05$;最大脉冲频 $R^0 = 0.75$;最大脉冲响度 $A = 0.25$。基于混合核的 SVR 模型中参数可行解的区域设为 $C \in (0,0)$,$\varepsilon \in (0,1)$,$d \in (0,3)$,$\sigma \in (0,1)$,$\omega \in (-3,0)$。所有比较模型的优化迭代次数相等,以保证预测的可靠性。

(二) 预测分析

使用 Fitness 和 RMSE 作为每个模型预测性能的指标,经过训练,得到了该模型和其他7个预测舰船运动的模型参数。考虑到蝙蝠算法固有的随机性,同时为了保证评估结果的可信度,这些模型被使用了 10 次,并取平均预测作为最终预测。如图 5.6 所示,将上述八种预测模型的结果与阶段一的实际值进行对比。表 5.3 给出了每个阶段对应于每个模型的预测值的 MAPE 和 RMSE。

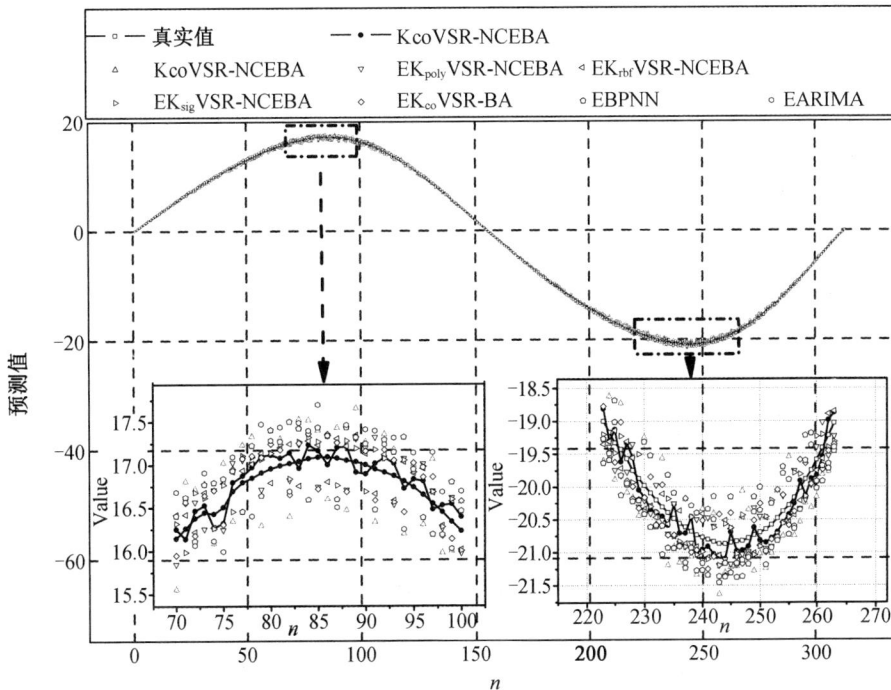

图 5.6　阶段一的预测结果对比曲线

表 5.3 比较模型的预测性能

预测模型	RMSE	MAPE/%
阶段一增长阶段		
EKcoSVR–NCEBA	0.114 0	0.908 7
KcoSVR–NCEBA	0.358 4	2.612 4
EK$_{poly}$SVR–NCEBA	0.196 3	1.437 9
EK$_{rbf}$SVR–NCEBA	0.166 6	1.216 8
EK$_{Fsig}$SVR–NCEBA	0.181 1	1.318 7
EKcoSVR–BA	0.211 3	1.538 3
EBPNN	0.277 0	2.021 8
EARIMA	0.329 0	2.390 6
阶段二稳定阶段		
EKcoSVR–NCEBA	0.112 5	0.783 2
KcoSVR–NCEBA	0.320 0	1.745 2
EK$_{poly}$SVR–NCEBA	0.223 3	1.234 4
EK$_{rbf}$SVR–NCEBA	0.196 0	1.086 0
EK$_{Fsig}$SVR–NCEBA	0.214 9	1.199 5
EKcoSVR–BA	0.240 2	1.338 0
EBPNN	0.307 6	1.718 5
EARIMA	0.345 8	1.915 8
阶段三衰弱阶段		
EKcoSVR–NCEBA	0.022 3	0.931 6
KcoSVR–NCEBA	0.109 7	2.647 0
EK$_{poly}$SVR–NCEBA	0.061 6	1.467 3
EK$_{rbf}$SVR–NCEBA	0.052 9	1.260 3
EK$_{Fsig}$SVR–NCEBA	0.056 8	1.349 1
EKcoSVR–BA	0.064 5	1.520 7
EBPNN	0.089 6	2.123 1
EARIMA	0.101 3	2.412 8

从图 5.6 和表 5.3 可以看出,本书模型的预测结果与实际数据拟合效果最好,RMSE 和 MAPE 值分别在(0.114 0, 0.908 7%)、(0.112 5, 0.783 2%)和(0.022 3, 0.931 6%)三个阶段,均低于其他七个模型。因此,该模型对舰船运动的预测精度最高。特别是在接近波动拐点时,预测精度大幅度提高。具体分析结果如下。

模型在阶段一和阶段三的预测精度低于波动平滑的阶段二,说明预报序列的非光滑波动特性降低了预报精度。使用该模型预测的 RMSE 和 MAPE 值均小于模型 1 预测的 RMSE 和 MAPE 值,说明 EEMD 对原始序列的分解降低了序列的离散性,使预测值更接近真实值。例如,由表 5.3 可知,EEMD 将模型 1 在三个阶段的预测性能分别从(0.358 4, 2.612 4%)、(0.320 0, 1.745 2%)和(0.109 7, 2.647 0%)提高到(0.114 0, 0.908 7%)、(0.112 5, 0.783 2%)和(0.022 3, 0.931 6%)。

将模型 2 和模型 4 的性能与所提模型的性能进行比较表明,使用混合核函数可以学习信息,从而提高仅使用单一核函数的 SVR 模型的性能。该混合核函数模型可用于解决舰船运动复杂非线性时间序列预测问题,提高了舰船运动系统的拟合精度。因此,其预测精度指标值均小于模型 2 至模型 4。

如表 5.3 所示,模型 6 和模型 7 预测的 RMSE 和 MAPE 值均超过其他基于 SVR 模型的预测值,表明基于 SVR 的模型在解决具有强烈复杂非线性特征的舰船运动预测问题方面优于模型 6 和模型 7。

五、提出的模型的性能分析

将提出的混沌高效蝙蝠算法与 ES(穷举搜索算法)、PSO、DE、BA、CKBA、Cubic-BA、SABA 和 HSABA 进行参数优化的性能比较。这些算法用于使用与三个阶段相对应的日期对模型参数进行 50 次优化。计算每个模型在 200 次迭代中收敛的平均迭代次数、成功率、平均收敛时间和平均最佳适应度值。表 5.4 给出了部分统计结果。利用 ES 在三个阶段得到的平均最佳适应度值分别为 2.235 1、2.056 1 和 2.198 3。

表 5.4 性能标准的统计结果

阶段	算法名称	收敛时平均迭代次数	成功率/%	收敛时平均时间	平均最佳适应度值
阶段一增长阶段	PSO	76	58	167	1.974 5
	DE	51	63	102	2.084 1
	BA	85	61	153	1.965 2
	CKBA	65	63	130	1.728 4
	Cubic-BA	103	82	216	1.368 7
	SABA	53	88	116	1.272 3
	HSABA	45	90	103	1.153 6
	提出的算法	36	98	90	0.913 4
阶段二稳定阶段	PSO	64	60	141	1.862 6
	DE	42	68	70	1.983 5
	BA	76	63	111	1.864 5
	CKBA	52	60	87	1.643 2

表 5.4(续)

阶段	算法名称	收敛时平均迭代次数	成功率/%	收敛时平均时间	平均最佳适应度值
阶段二 稳定阶段	Cubic-BA	89	84	163	1.185 1
	SABA	50	90	94	1.083 2
	HSABA	41	95	80	0.984 2
	提出的算法	28	100	62	0.783 2
阶段三 衰弱阶段	PSO	78	56	172	1.928 5
	DE	53	60	101	2.025 4
	BA	86	58	163	1.894 2
	CKBA	61	61	128	1.694 1
	Cubic-BA	106	80	233	1.248 7
	SABA	52	87	120	1.213 5
	HSABA	48	91	115	1.184 3
	提出的算法	39	96	101	0.958 7

收敛的平均迭代是算法在 50 次运行中迭代的平均次数。从表 5.4 可以看出,本书算法在三个阶段的平均收敛迭代次数分别为 36 次、28 次和 39 次,少于其他算法,表明本书算法的搜索效率高于其他算法。首先,采用 DE 算法对基于混合 SVR 的舰船运动预测模型参数进行了 50 次优化,以经过 50 次运行的最优解的均值作为收敛目标。然后,选取的算法对基于混合 SVR 的舰船运动预测模型的参数进行 50 次优化,收敛的迭代为收敛适应度值等于或优于收敛目标对应的迭代,成功率是迭代到收敛的次数与总迭代次数的比值。从表 5.4 可以看出,本书算法在三个阶段的成功率分别为 98%、100% 和 96%,均超过其他三种算法,说明本书算法在优化基于 SVR 的混合舰船运动预测模型参数时,随机波动较小,稳定性更强,有利于预测精度。本书使用所提出的算法实现的三个阶段的平均最佳适应度值分别为 0.913 4、0.783 2 和 0.958 7,比使用其他八种算法获得的结果要小得多。因此,本书算法的搜索效率超过了其他算法,在解决预测问题方面具有很大的优势。

表 5.4 还展示了以下内容:(1)进化算法在收敛的平均迭代次数、成功率和平均最佳适应度值方面优于 ES 算法。结果证明,这些进化算法产生了稳定和有效的参数组合。(2)比较 PSO、DE 和 BA 算法的性能,发现 DE 算法在几次迭代中收敛,但会陷入局部最优,导致其产生比其他两种算法更大的适应度。(3)利用 PSO 和 BA 的预测精度得到的平均最佳适应度值近似相等,但 BA 的成功率高于 PSO。因此,将 BA 用于参数优化是可行的。(4)对比 SABA、HSABA 和本书算法的性能,发现前者优于 BA,说明 DE 部分克服了 BA 的缺点,然而,SABA 和 HSABA 仍然表现不佳。(5)与其他 8 种算法相比,本书算法的平均收敛时间更短,表明该算法在参数优化和节省时间方面非常有效,最终加快了关键参数的优化速度。

第二节 PEM&LSSVR-CCPSO 舰船运动预测方法实例分析

一、试验数据集

为了验证 PEM&LSSVR-CCPSO 模型的可行性和普遍适用性,本书利用两艘海上航行船舶的 SMTS 数据进行了数值预报。例 1 中,海况为 2,船速为 20 节,船舶的方位为 115°。例 2 中,海况为 4;船速是 15 节,并且船有 145°的方位。以 0.5 s 为采样间隔,每个示例包含 360 个 SMTS 数据样本。

SMTS 数据分为两个子集。选取前 320 个 SMTS 值作为训练集,则训练参数 $L=320$,其余 40 个 SMTS 值作为测试集。图 5.7 和图 5.8 显示了例 1 和例 2 中的 SMTS 值。

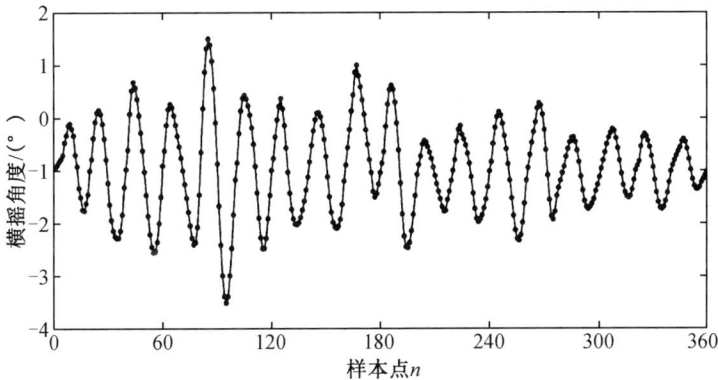

图 5.7 例 1 的数据分布

由于使用样本数据直接训练预测模型可能会导致神经元出现饱和现象,因此必须对样本数据进行归一化处理,使其在一定的区间内(本书选取[0, 1])具有相同的数量级。

SMTS 数据根据式归一化:

$$y_i = \frac{x_i - \min(x_i)}{\max(x_i) - \min(x_i)} \tag{5-1}$$

式中,x、y 分别为样本数据归一化前后的值;$\min(x_i)$ 和 $\max(x_i)$ 分别表示样本数据的最大值和最小值;$i=1, 2, \cdots, Q$(其中 Q 为样本数)。

预测完成后,必须使用逆归一化式来计算实际的 SMTS 值:

$$x_i = [\max(x_i) - \min(x_i)] y_i + \min(x_i) \tag{5-2}$$

二、预测精度评价指标

为了检验 CCPSO 算法确定 LSSVR 模型参数的可行性和有效性,我们使用式(4-4)的 MAPE 和 RMSE 作为各模型预测性能的指标。RMSE 由式(5-3)给出:

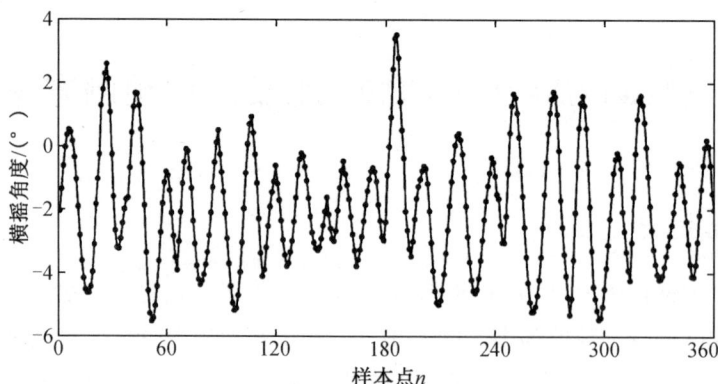

图 5.8 例 2 的数据分布

$$\text{RMSE} = \sqrt{\frac{\sum_{i=1}^{n}(f(x_i) - \hat{f}(x_i))^2}{n}} \tag{5-3}$$

式中, n 为数据点总数; $f_i(x)$ 为第 i 点的实际 SMTS 值; $\hat{f}_i(x)$ 为点 i 的预测 SMTS 值。

三、参数设置

经验表明, 模型参数的设置会显著影响模型的预测精度。本书所选择的优化算法和预测模型的参数设置如下。

通过两个算例的试算, 得到了 BPNN、GA、FOA、BA、PSO 和 CCPSO 模型的参数和 LSSVR 模型参数的可行域。

(1) 设 LSSVR 模型的两个参数的可行域为 $C \in [0, 1 \times 10^3]$, $\sigma \in [0, 500]$。

(2) 在 BPNN 模型中, 使用 Trainlm 函数作为训练函数; 最大培训次数设为 10 000 次; 学习效率设为 0.20。

(3) 对于遗传算法的参数, 种群大小 pop_size 设为 50; 最大迭代次数 gen_max 设为 200; 交叉概率 p_c 设为 0.3; 突变概率 p_m 设为 0.2。

(4) 对于 FOA 的参数, 种群大小 pop_size 设为 50; 最大迭代次数 gen_max 设为 200。

(5) 对于 BA 的参数, 种群大小 pop_size 设为 50; 最大迭代次数 gen_max 设为 200; 声波频率最大值 F_{max} 设为 1, 最小值 F_{min} 设为 -1; 脉冲强度衰减系数 γ 设为 0.95; 脉冲频率增加因子 δ 设为 0.05; 最大脉冲频率 R^0 设为 0.75; 最大脉冲响度 $A = 0.25$。

(6) 对于 PSO 和 CCPSO 的参数, 将粒子群的大小 pop_size 设为 50; 最大迭代次数 gen_max 设为 200; 加速度参数 $c_1 = c_2 = 2.0$; 混合控制参数 mix_gen 设为 0.7; 分布系数 pop_distr 设为 0.7。

由于迭代次数会影响模型的性能, 所以为了保证预测的可靠性, 将所有比较模型的优化过程的迭代次数设为相等。在本书中, 所有预测模型都是在同一台配置为 Intel(R) Core (TM) i7 3.4GHz CPU、内存为 4 GB RAM 的个人计算机上使用 MATLAB 2010a 软件构建的。

四、预测精度分析

本书为了分析该方法的预测性能,将 PEM 模型、BPNN 模型、LSSVR-CCPSO 模型和 PEM&BPNN 模型(PEM 预测周期项,BPNN 预测残差项)作为对比方法。

利用训练数据集得到训练良好的 PEM、BPNN、LSSVR-CCPSO、PEM&BPNN 和 PEM&LSSVR-CCPSO 模型。例 1 中,CCPSO 确定的 LSSVR 模型的参数组合为(46,59)。例 2 中,CCPSO 确定的 LSSVR 模型的参数组合为(25,78)。这些训练好的模型进一步用于预测舰船运动时间序列值。图 5.9 和图 5.10 是上述五种模型的预测曲线和实际值。表 5.5 和表 5.6 给出了本书提出的 PEM&LSSVR-CCPSO 模型和其他模型的预测精度指标。

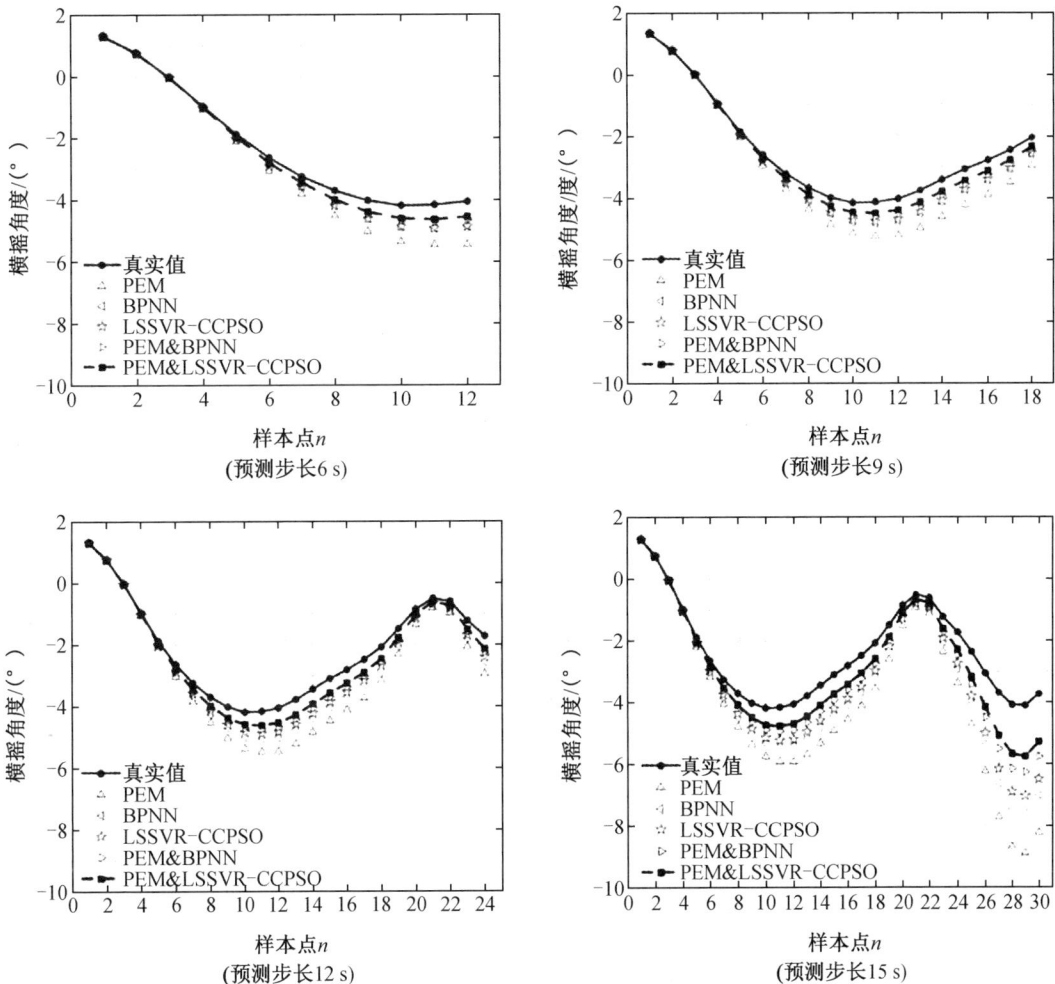

图 5.9 例 1 PEM&LSSVR-CCPSO 模型与其他比较模型的预测值

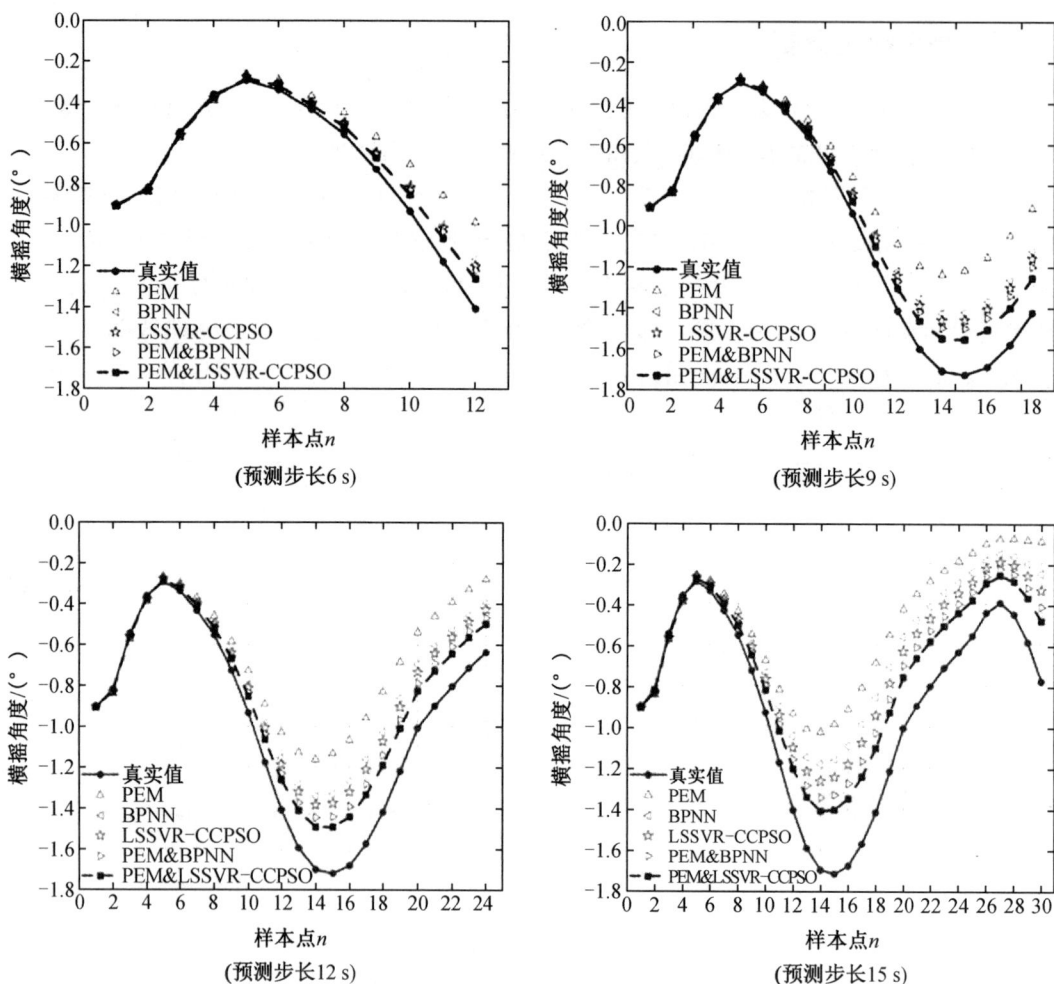

(预测步长6 s)

(预测步长9 s)

(预测步长12 s)

(预测步长15 s)

图 5.10　例 2 PEM&LSSVR-CCPSO 模型与其他比较模型的预测值

表 5.5　例 1 PEM&LSSVR-CCPSO 模型和备选比较模型的预测指标

指标	RMSE				MAPE/%			
预测步长	6 s	9 s	12 s	15 s	6 s	9 s	12 s	15 s
PEM	0.178 3	0.307 8	0.375 8	0.465 0	15.04	18.04	28.04	44.04
BPNN	0.102 2	0.183 4	0.251 2	0.356 4	8.63	10.75	18.75	33.75
LSSVR-CCPSO	0.089 3	0.161 7	0.220 8	0.300 7	7.54	9.48	16.48	28.48
PEM&BPNN	0.080 3	0.136 8	0.177 8	0.245 7	6.78	8.02	13.27	23.27
PEM&LSSVR-CCPSO	0.062 3	0.103 6	0.146 3	0.199 8	5.26	6.08	10.92	18.92

表 5.6　例 2 PEM&LSSVR-CCPSO 模型与其他比较模型的预测指标

指标	RMSE				MAPE/%			
预测步长	6 s	9 s	12 s	15 s	6 s	9 s	12 s	15 s
PEM	0.777 4	0.842 7	0.941 1	2.114 7	17.18	22.68	36.18	60.68
BPNN	0.461 7	0.532 4	0.645 8	1.544 9	10.21	14.33	24.83	44.33
LSSVR-CCPSO	0.449 0	0.470 7	0.518 1	1.293 6	9.93	12.67	19.92	37.12
PEM&BPNN	0.330 8	0.355 1	0.411 2	0.951 7	7.32	9.56	15.81	27.31
PEM&LSSVR-CCPSO	0.279 2	0.264 4	0.324 0	0.730 4	6.18	7.12	12.46	20.96

图 5.9 和图 5.10 的结果表明,本书所提出的 PEM&LSSVR-CCPSO 模型的预测结果比使用替代模型获得的预测结果更接近实际舰船运动时间序列值,所提出的 PEM&LSSVR-CCPSO 模型的 RMSE 和 MAPE 在例 1 中分别为 0.062 3、0.103 6、0.146 3、0.199 8 和 5.26、6.08、10.92 和 18.92,在例 2 中分别为 0.279 2、0.264 4、0.324 0、0.730 4 和 6.18、7.12、12.46 和 20.96,均小于表 5.5 和表 5.6 中其他 4 个模型。结果表明,该方法提高了舰船运动时间序列的预测精度。具体结果分析如下。

首先,由 BPNN 和 LSSVR-CCPSO 模型提供的预测都比 PEM 模型提供的预测更接近实际的舰船运动时间序列值,因此,BPNN 和 LSSVR-CCPSO 模型在处理非线性问题方面,比 PEM 模型能更准确地模拟舰船运动时间序列的非线性系统。其次,LSSVR-CCPSO 模型的预测精度优于 BPNN 模型,表明 LSSVR-CCPSO 模型更适合非线性仿真,包括舰船运动时间序列预测。此外,PEM&BPNN 和 PEM&LSSVR-CCPSO 模型的 RMSE 和 MAPE 均小于 BPNN 和 LSSVR-CCPSO 模型,因此,使用 PEM 进行初始预测,使用 BPNN 和 LSSVR-CCPSO 模型进行残差预测,可以更好地捕捉舰船运动时间序列的周期性和非线性,有利于其仿真。最后,由表 5.5 和表 5.6 可知,PEM&LSSVR-CCPSO 模型预测序列的 RMSE 和 MAPE 均小于 PEM&BPNN 预测序列,说明在混合预测中,LSSVR-CCPSO 模型比 BPNN 模型具有更强的非线性拟合能力,能够更好地模拟残差项,因此 PEM&LSSVR-CCPSO 模型的预测精度高于 PEM&BPNN 模型。使用 PEM 预测舰船运动时间序列的周期项,并使用 LSSVR-CCPSO 算法预测舰船运动时间序列的残差项,可以切实提高舰船运动时间序列的预测精度。

由以上结果可知,例 2 的精度明显低于例 1 的精度。例 2 的海况比例 1 更复杂,因此舰船运动时间序列的非线性更大。与现有的预测模型一样,随着舰船运动时间序列复杂性的增加,所提出的预测模型的预测精度降低,因此,所提出的预测模型仍有局限性。不幸的是,极端海况下舰船运动时间序列的数据没有得到很好的收集,因此所提出的极端海况预报模型的精度无法量化。唯一可以得出的结论是,所提出的预测模型适用于正常海况下的舰船运动预测但在极端海况下的实用性值得进一步深入探讨。

最后,为了验证所提出的 PEM&LSSVR-CCPSO 模型在预测舰船运动时间序列方面优于其他模型,我们进行了 Wilcoxon 符号秩检验。单尾试验的显著性水平为 $\alpha = 0.05$。检验结果如表 5.7 所示,表明本书提出的 PEM&LSSVR-CCPSO 模型的预测效果显著优于其他模型。

表 5.7   Wilcoxon 符号秩检验结果

显著性水平		$\alpha = 0.05$			
预测步长		6 s	9 s	12 s	15 s
显著性水平临界值		$T_{0.05}=17$	$T_{0.05}=47$	$T_{0.05}=91$	$T_{0.05}=151$
例1	PEM&LSSVR-CCPSO 对比 PEM	9.27^{T}	8.36^{T}	6.45^{T}	3.52^{T}
	PEM&LSSVR-CCPSO 对比 BPNN	14.16^{T}	13.24^{T}	11.36^{T}	8.43^{T}
	PEM&LSSVR-CCPSO 对比 LSSVR-CCPSO	14.67^{T}	13.58^{T}	11.67^{T}	8.57^{T}
	PEM&LSSVR-CCPSO 对比 PEM&BPNN	16.89^{T}	15.78^{T}	13.39^{T}	10.28^{T}
例2	PEM&LSSVR-CCPSO 对比 PEM	8.82^{T}	8.09^{T}	6.05^{T}	3.24^{T}
	PEM&LSSVR-CCPSO 对比 BPNN	13.90^{T}	12.87^{T}	10.96^{T}	8.10^{T}
	PEM&LSSVR-CCPSO 对比 LSSVR-CCPSO	14.36^{T}	13.17^{T}	11.36^{T}	8.13^{T}
	PEM&LSSVR-CCPSO 对比 PEM&BPNN	16.53^{T}	15.53^{T}	12.97^{T}	10.02^{T}

注:上标 T 表示 PEM&LSSVR-CCPSO 模型显著优于其他备选比较模型。

五、稳健性分析

为了分析本书所提出的预测模型在不同预测步长下预测性能的变化,下面给出了应用实例。图 5.11 和图 5.12 绘制了这两个示例的预测误差曲线。

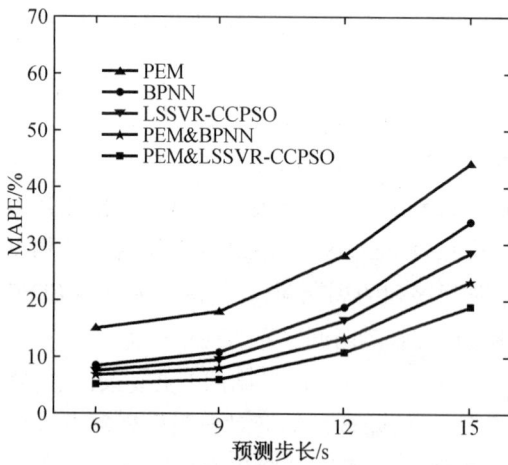

图 5.11   例 1 的误差特征曲线

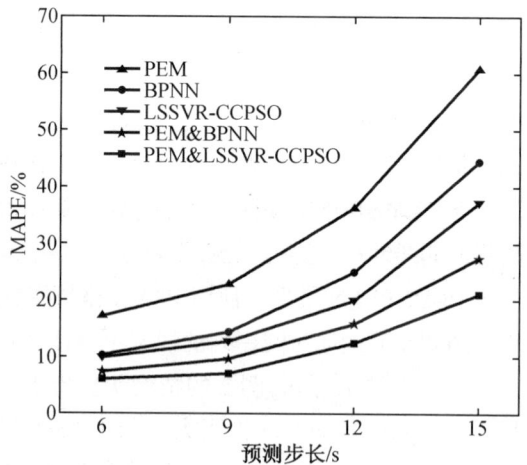

图 5.12   例 2 的误差特征曲线

图 5.11 和图 5.12 表明,例 1 和例 2 中所使用的 5 个模型的预测精度随预测步长的增加而降低。该模型预测精度的下降幅度明显小于其他 4 种模型,说明该模型由于使用了 LSSVR-CCPSO 算法,随预测步长的增加,其预测精度的下降速度要慢于其他模型。

例 2 中舰船速度较慢,海况较差,因此舰船运动预测问题较为复杂。随着预测步长的增加,所选模型预测误差的增幅均大于例 1,说明预测模型的预测精度均随着问题复杂性的增加而下降。本书所提模型的预测误差增幅明显小于其他模型,尤其在例 2 中具有更为复杂的特征,说明在 PEM&LSSVR-CCPSO 模型中使用 LSSVR 模型和 CCPSO 算法提高了模型处理复杂问题的能力,提高了模型的稳定性和通用性。

对于所提出的预测模型的复杂性评价,舰船运动预测的主要步骤如下:(1)训练 PEM;(2)优化 LSSVR 模型参数;(3)训练 LSSVR 模型;(4)PEM 预测;(5)利用 LSSVR 模型进行预测;(6)计算最终预测值。其中,前三个步骤属于模型更新阶段,后三个步骤属于模型预测阶段。在本研究中,后三个步骤的总运行时间约为 5.7 s,小于所需的最小运行时间 6 s(本书预测的最小步长为 6 s)。在前三个步骤中,步骤(2)比步骤(1)和(3)更耗时,这也决定了模型更新的总运行时间。采用滚动预测过程,模型更新与预测同时进行,在模型更新之后,使用更新后的模型执行预测。本书采用 CCPSO 算法对 LSSVR 模型进行参数优化,该模型的最大运行时间为 42.3 s,参数优化次数为 50 次。因此,在最小预测步长为 6 s 的基础上,每执行步骤(4)和(5)8 次就更新预测模型,因此,可以实现舰船运动时间序列的在线滚动预测。

六、可行性和优越性分析

为了分析利用 CCPSO 算法确定 LSSVR 模型参数的可行性和优越性,下面采用四种常用算法 GA、PSO、FOA 和 BA 进行对比试验。试验采用例 1(15 s)和例 2(15 s)中的舰船运动时间序列数据。由于模型参数具有随机性,因此采用进化算法对模型参数进行了 50 次优化;计算了收敛前的平均迭代次数、收敛速度,以及使用每个模型在 200 次迭代中获得的最佳适应度的平均值。

平均迭代次数定义为模型 50 倍以上收敛时的平均迭代次数。试验采用粒子群算法对 LSSVR 模型参数进行 50 次优化,并以平均最佳适应度作为收敛目标。如果在收敛处的适应度等于或优于收敛目标,则认为它是成功的,并且成功的数量增加 1。通过这种方法,可以确定每 50 次尝试中成功的次数。收敛速度定义为成功次数除以 50。表 5.8 给出了性能标准的统计结果。

表 5.8 性能标准的统计结果

实例	算法	收敛的平均迭代次数	收敛速度/%	最佳适应度平均值
例 1 (步长 15 s)	GA	61	67	13.42
	PSO	67	62	13.78
	FOA	85	55	14.32
	BA	89	58	14.18
	CCPSO	32	85	12.28
例 2 (步长 15 s)	GA	70	61	17.86
	PSO	75	56	18.23
	FOA	89	51	19.45
	BA	94	53	19.21
	CCPSO	36	80	15.43

从表5.8可以看出,在两个示例中,CCPSO算法的平均收敛迭代次数分别为32次和36次,少于其他四种算法,说明该算法在每次迭代中具有更高的搜索效率。CCPSO算法在两个示例中的收敛率分别为85%和80%,如表5.8所示,超过了其他四种算法。结果表明,该算法在优化LSSVR模型参数时表现出较小的随机波动和较大的稳定性,有利于其预测精度。在这两个例子中,CCPSO算法获得的最佳适应度均值分别为12.28和15.43,与其他四种算法相比,适应度均值要小得多。因此,CCPSO算法的搜索效率超过了其他四种算法,显示出其在解决舰船运动时间序列预测问题方面的巨大优势。因此,利用CCPSO算法确定LSSVR模型的参数来提高预测舰船运动时间序列的精度是可行的。

本书采用CCPSO算法对LSSVR模型进行参数优化,解决了建模过程中的参数更新问题。事实上,已有的优化算法很多,而且更多可行的算法正在被提出,因此无法与这些算法完全比较。本书改进的CCPSO算法仅被证明优于所考虑的经典优化方法,作者不能保证CCPSO算法是所有算法中达到预期目的的最佳算法。LSSVR模型的参数优化有待进一步探索,以进一步提高其预测精度。

第三节　ECG&QBOA舰船运动预测方法实例分析

一、试验数据

(一)舰船运动的原始时间序列

为了验证ECG模型的优越性和QBOA的可行性,下面利用浮式生产储卸船(FPSO)的垂荡数据进行了数值试验。对于深度学习模型来说,数据过少会导致拟合效果差,而数据过多又会浪费计算资源,因此,有必要合理选择实例分析的时间序列长度。

试验中使用的舰船运动时间序列数据如表5.9所示,其中训练数据用于训练ECG模型,验证数据用于测试模型是否存在过拟合或欠拟合,测试数据用于测试最终模型的性能。

在数值试验之前,随机选取3个ECG模型来确定长度。选取不同长度的数据序列进行10次预测试验,最后以预测的MAPE值为指标。MAPE的平均值如表5.10所示。MAPE均值随时间序列长度的曲线如图5.13所示。

从表5.10和图5.13可以看出,当试验样本时间序列过短时,预测精度不稳定。当样本序列长度大于2 000时,预测误差趋势趋于平缓。因此,考虑到预测精度和计算资源,本书选择了长度为2 000的数据序列。

表 5.9 ECG&QBOA 算法参数设置及说明

目标	变量	描述
CNN	w^k	随机初始化为小数,最后通过模型训练得到
	b^k	随机初始化为小数,最后通过模型训练得到
	C	C 为待优化的超参数,由 QBOA 得到
	D	D 的值等于过滤器个数,由 QBOA 获得
	m	m 为待优化的超参数,由 QBOA 得到
	s	一般来说,池步长为 1 或 2,本书取 1
	φ	CNN 和 GRU 的激活函数为"sigmoid",输出层的激活函数为"tanh"
GRU	W_r、W_z、W_t 和 W	权重参数随机初始化为小数,最后通过模型训练得到
QBOA	c	c 的取值范围为 $[0,1]$,本书取 0.8
	a	a 的取值范围为 $[0,1]$,本书取 0.9
	r	r 的取值范围为 $[0,1]$,本书取 1.0
	P	P 的取值范围为 $[0,1]$,本书取 0.5
	P_r	P_r 为 0 到 1 的随机数
	θ	初始化为一个随机较小的数
	$\Delta\theta$	初始化为 0

表 5.10 预测模型的 MAPE 值

时间序列长度	输入维度	100	500	1 000	1 500	2 000	2 500	3 000
模型 I 精度平均值/%	10	66.32	30.06	20.96	22.75	14.32	16.84	14.36
模型 II 精度平均值/%	20	71.93	36.66	26.35	19.37	14.43	13.58	12.87
模型 III 精度平均值/%	30	49.11	58.34	33.38	19.31	13.62	13.97	13.97
平均值		62.45	41.69	26.90	20.48	14.12	14.80	13.73

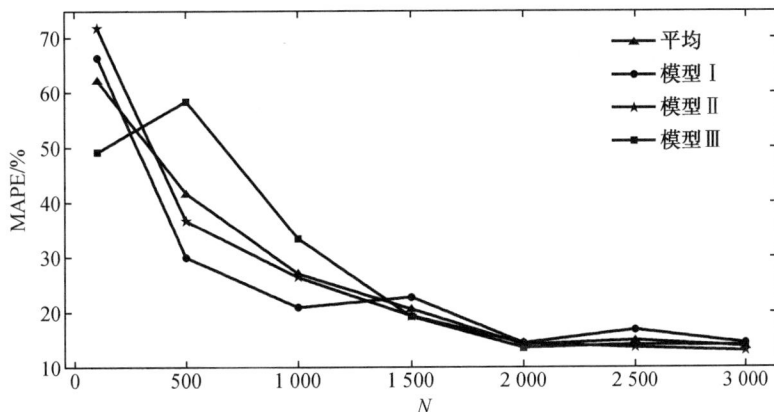

图 5.13 不同长度数据集下 MAPE 均值曲线

(二) 分解时间序列

图 5.14 中的数据经 EMD 分解为 7 个 IMF 分量和 1 个残差分量,如图 5.15 所示。

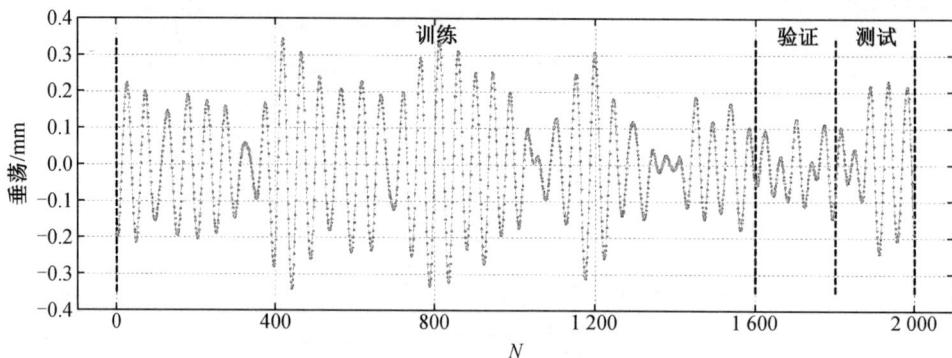

图 5.14　舰船运动原始时间序列

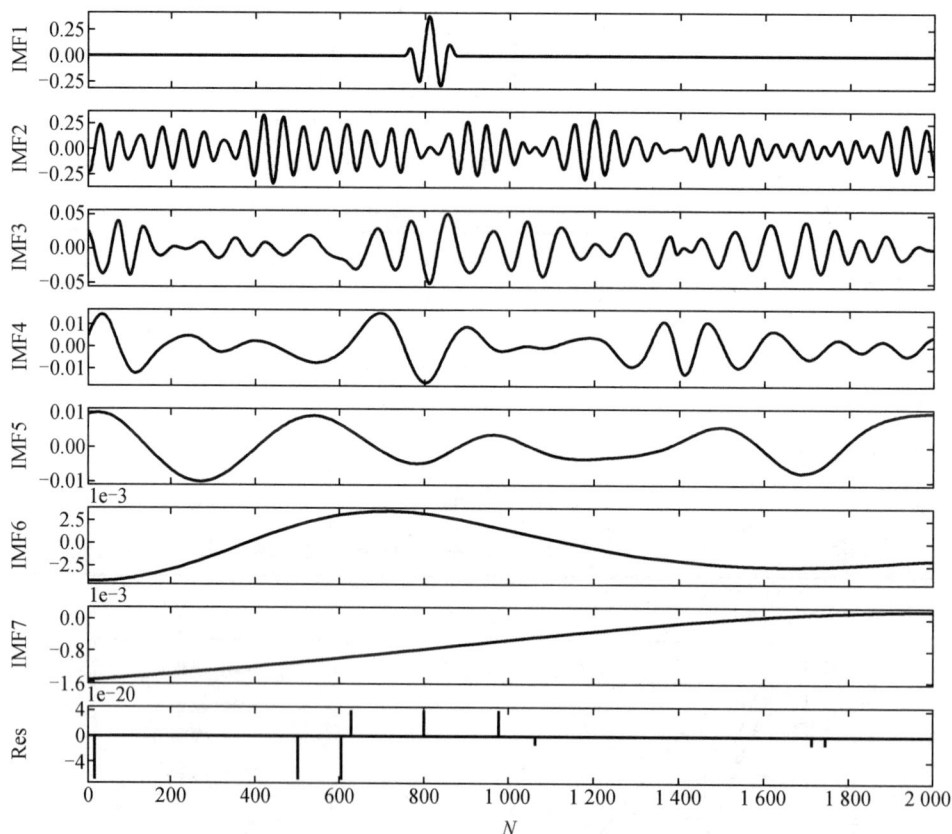

图 5.15　EMD 分解后的舰船运动时间序列

二、准确性评价指标及比较模型

(一) 精度评价指标

采用 MAPE 和 RMSE 作为预测结果的评价指标,计算如式(5-4)和式(5-5)所示。

$$\text{MAPE} = \frac{1}{n} \sum_{i=1}^{n} \left| \frac{\hat{d}(i) - d(i)}{d(i)} \right| \times 100\% \tag{5-4}$$

$$\text{RMSE} = \sqrt{\frac{\sum_{j=1}^{n} (dj - \hat{d}j)^2}{n}} \tag{5-5}$$

(二) 比较模型的选择

为了检验本书所描述的 ECG 模型结构的优越性,选取 7 种模型进行比较,模型示意图如表 5.11 所示。为了区分三种不同的 ECG 模型,每个模型都被赋予一个编号。CNN-GRU 是一种直接使用舰船运动原始时间序列的预测模型;EMD-CNN、EMD-GRU 和 ECG-Ⅲ 为分量平行预测模型,其最终预测值由分量结果相加得到;ECG-Ⅰ 是一种具有所有连通层非线性映射的预测模型;ECG-Ⅱ 是一种基于假设成分特征不独立并与卷积耦合的预测模型。在这个模型中,每个 IMF 组件需要设置相同的卷积超参数。通过对比试验验证了 ECG-Ⅲ 模型结构的合理性,结果将在下一节中展示。

表 5.11 对比模型示意图

对比模型	BPNN	CNN-GRU	EMD-CNN	EMD-GRU
模型图	SHM数据 / BPNN / 结果	SHM数据 / CNN / GRU / 结果	IMF_1 IMF_2 ⋯ Res / CNN_1 CNN_2 ⋯ $CNNr$ / 和 / 结果	IMF_1 IMF_2 ⋯ Res / CNN_1 CNN_2 ⋯ $CNNr$ / 和 / 结果

对比模型	ECG-Ⅰ	ECG-Ⅱ	ECG-Ⅲ
模型图	IMF_1 IMF_2 ⋯ Res / CNN_1 CNN_2 ⋯ CNN_r / GRU_1 GRU_2 ⋯ GRU_r / 全连通层 / 结果	IMF_1 IMF_2 ⋯ Res / CNN / GRU / 结果	IMF_1 IMF_2 ⋯ Res / CNN_1 CNN_2 ⋯ $CNNr$ / CRU_1 CRU_2 ⋯ $CRUr$ / 和 / 结果

三、预测绩效分析

(一) 预测试验一

试验一的目的是比较 CNN-GRU、ECG-Ⅰ、ECG-Ⅱ 和 ECG-Ⅲ,选择最合理的 ECG 模型结构。试验一四种模型的预测结果如图 5.16 所示。在三个 ECG 模型中,每个模型的不同 IMF 分量设置相同的超参数。考虑随机初始化的影响,采用预测精度的最优值和均值来评价模型的预测能力。首先,利用该算法对模型进行优化,得到合适的超参数;其次,每个模型进行 10 次预测试验;最后,四种模型的预测精度如表 5.12 所示。

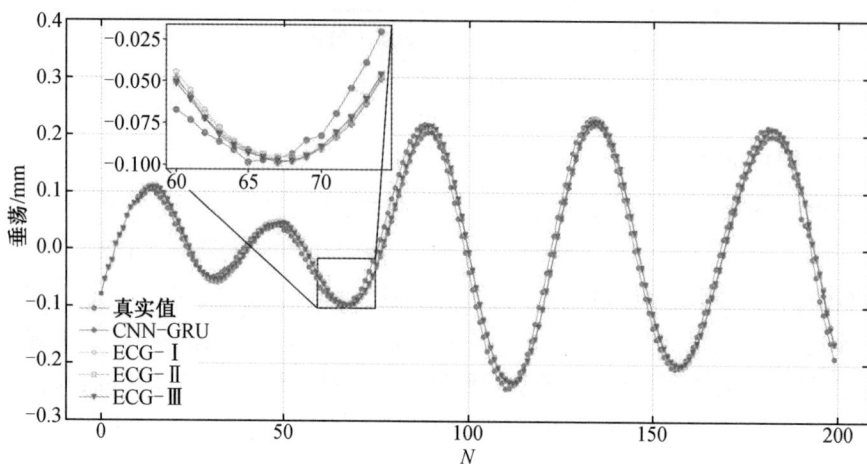

图 5.16　试验一不同预测模型对比图

表 5.12　试验一预测精度

模型	MAPE/%	RMSE/mm	模型	MAPE/%	RMSE/mm
	20.55	0.007 7		21.73	0.007 4
	14.62	0.007 0		21.16	0.007 5
	13.30	0.007 6		17.82	0.006 8
	18.06	0.007 6		14.11	0.006 3
CNN-GRU	20.48	0.007 7	ECG- I	21.34	0.007 4
	14.24	0.006 0		12.29	0.006 0
	17.37	0.006 4		14.29	0.006 1
	18.60	0.007 1		17.61	0.007 2
	21.79	0.009 0		20.20	0.009 9
	12.57	0.006 7		12.59	0.006 8
平均值	17.16	0.007 3	平均值	17.31	0.007 1
	13.55	0.005 7		14.62	0.006 8
	12.43	0.006 2		10.04	0.006 3
	15.36	0.006 9		11.18	0.005 8
	19.00	0.006 9		9.25	0.005 0
ECG-II	12.85	0.006 6	ECG-III	16.81	0.006 8
	10.20	0.005 5		11.42	0.006 4
	14.13	0.006 2		15.53	0.007 8
	12.00	0.005 7		12.28	0.005 6
	23.10	0.007 4		12.53	0.005 4
	20.68	0.007 6		13.21	0.007 2
平均值	15.33	0.006 5	平均值	12.69	0.006 3

由表 5.12 可以看出,在平均值上,具有性能标准的 ECG-Ⅲ 模型(MAPE = 12. 69%,RMSE = 0.0063)优于具有性能标准的 CNN-GRU 模型(MAPE = 17. 16%, RMSE = 0.007 3),具有性能标准的 ECG-Ⅰ 模型(MAPE = 17. 31%, RMSE = 0. 0071)和具有性能标准的 ECG-Ⅱ 模型(MAPE = 15. 33%, RMSE = 0. 006 5)最优值相同。这表明,ECG-Ⅲ 的结构优于其他两种预测方法。使用全连接层的 ECG-Ⅰ 是一个自动训练的模型。与 ECG-Ⅲ 不同的是,它可以自动考虑各分量预测结果对最终结果的影响。其缺点是训练难度大,难以取得令人满意的效果。为了保证卷积操作的可行性,ECG-Ⅱ 模型强制各分量的卷积核大小相同,这也导致分量的特征提取不精确。虽然也能达到较高的精度,但其模型泛化性能较弱,因此,本书采用 ECG-Ⅲ 的结构。

(二)预测试验二

预测试验二的目的是将 ECG 模型的最优结构与其他模型进行比较,以测试 ECG-Ⅲ 的预测性能。本节对各 IMF 分量的分支预测模型进行优化,为 ECG-Ⅲ 模型的不同 IMF 分量设置不同的卷积超参数,最后通过对分量模型的整合建立整体模型。由于 CNN-GRU 的结构是固定的,本次不需要进行额外的试验,直接使用前文的数据作为比较的依据。预测结果对比图如图 5.17 所示,试验模型的预测精度如表 5.13 所示。

图 5.17 为试验二不同预测模型对比图。可以看出,ECG-Ⅲ 模型对整个数据的拟合效果是最好的,这是因为 EMD 使 CNN 提取的空间特征和 GRU 提取的时间特征更具代表性,并且 ECG-Ⅲ 模型充分利用了混合模型相对于 EMD-CNN 和 EMD-GRU 的优势。

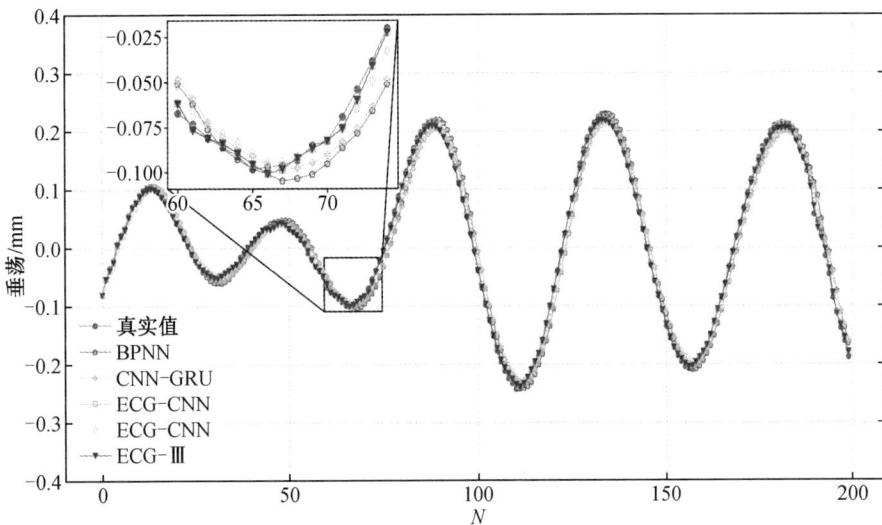

图 5.17　试验二不同预测模型对比图

表 5.13　试验二预测精度

模型	MAPE/%	RMSE/mm	模型	MAPE/%	RMSE/mm
平均值	19.76	0.008 2	EMD-GRU	19.14	0.006 8
	25.15	0.008 8		16.69	0.005 9
	20.09	0.007 7		15.51	0.006 9
	17.65	0.007 4		21.87	0.007 4
	22.33	0.007 7		15.29	0.006 0
	16.81	0.006 8		15.91	0.007 1
	23.78	0.008 1		17.09	0.006 5
	16.81	0.007 1		16.39	0.006 9
	19.21	0.008 6		21.16	0.008 4
	16.13	0.007 1		17.21	0.007 5
平均值	19.77	0.007 8	平均值	17.63	0.006 9
EMD-CNN	11.63	0.006 4	ECG-Ⅲ	11.17	0.006 6
	14.32	0.007 0		9.01	0.005 3
	16.01	0.008 9		7.67	0.004 9
	13.02	0.007 0		10.32	0.005 4
	10.02	0.005 1		12.39	0.006 3
	19.97	0.010 5		12.73	0.007 4
	12.07	0.006 3		9.74	0.005 7
	15.16	0.006 1		11.88	0.006 2
	12.87	0.006 0		13.56	0.007 1
	11.69	0.005 8		10.13	0.006 8
平均值	13.68	0.006 9	平均值	10.86	0.006 2

　　从表 5.13 的数据可以看出,本书使用的 BPNN 的性能要弱于其他模型。这是因为传统神经网络模型的特征提取能力弱于深度学习模型,而较差的特征表示导致最终的预测结果误差较大。CNN-GRU 与 ECG-Ⅲ 的比较表明,经过 EMD 后,模型的性能标准由 MAPE=17.16%,RMSE=0.007 3 变为 MAPE=10.86%, RMSE=0.006 2。这是因为 EMD 将原始时间序列分解成多个简单序列,更有利于特征提取。对比 EMD-CNN 的性能标准(MAPE=13.68%, RMSE=0.006 9)、EMD-GRU 的性能标准(MAPE=17.63%, RMSE=0.006 9)和 ECG-Ⅲ 的性能标准(MAPE=10.86%, RMSE=0.006 2),可以看出综合预测模型的准确率高于单一模型。此外,试验二中具有性能标准的 ECG-Ⅲ 的准确率(MAPE=10.86%, RMSE=0.006 2)高于试验一(MAPE=12.69%, RMSE=0.006 3),说明各 IMF 成分的特征不同。采用独立分量模型对提高预测精度具有重要意义。为了直观地显示精度的提高,本书计算了不同模型的平均 MAPE 和 RMSE 的相对精度提高,如表 5.14 所示。

表 5.14　精度提高的效果比较

对比模型	MAPE 精度的提高/%	RMSE 精度的提高/%
ECG-Ⅲ对比 BPNN	45.07	20.51
ECG-Ⅲ对比 EMD-GRU	38.40	10.14
ECG-Ⅲ对比 EMD-CNN	20.61	10.14
ECG-Ⅲ对比 CNN-GRU	36.71	15.07

(三)模型超参数设置

最优模型的超参数设置如表 5.15 所示。超参数的描述如下:filters 表示卷积核的个数,kernel size 表示卷积核的大小,pool size 表示池化层的大小,hidden units 表示隐藏节点的个数,input units 表示输入时间序列的长度。所有模型的输出节点统一设为 1,0 表示表 5.15 中没有对应的结构。

表 5.15　最优模型的超参数设置

	模型		filters	kernel size	pool size	hidden units	input units
试验一	CNN-GRU		11	18	3	18	9
	ECG-Ⅰ		10	15	2	16	8
	ECG-Ⅱ		10	14	3	18	9
	ECG-Ⅲ		9	18	2	15	9
试验二	BPNN		0	0	0	26	21
	EMD-CNN	IMF_1	14	16	2	0	14
		IMF_2	13	5	2	0	5
		IMF_3	8	10	4	0	10
		IMF_4	14	6	2	0	16
		IMF_5	11	9	5	0	16
		IMF_6	18	8	2	0	12
		IMF_7	6	4	4	0	20
		Res	12	13	3	0	15
	EMD-GRU	IMF_1	0	0	0	17	14
		IMF_2	0	0	0	17	2
		IMF_3	0	0	0	14	8
		IMF_4	0	0	0	13	16
		IMF_5	0	0	0	7	20
		IMF_6	0	0	0	13	6
		IMF_7	0	0	0	18	20
		Res	0	0	0	17	14

表 5.15(续)

模型			filters	kernel size	pool size	hidden units	input units
试验二	ECG-Ⅲ	IMF$_1$	16	17	2	17	14
		IMF$_2$	20	5	2	17	2
		IMF$_3$	8	9	6	14	8
		IMF$_4$	14	6	2	13	16
		IMF$_5$	10	8	5	7	20
		IMF$_6$	20	6	2	13	6
		IMF$_7$	5	3	4	18	20
		Res	15	17	3	16	11

四、超参数优化性能分析

(一)适应度函数

随着训练过程的进行,模型的损失逐渐减小,说明该模型在训练集上表现良好。为了使适应度函数更具代表性,本书考虑了模型在验证数据中的表现,选取了如公式(5-6)所示的适应度函数,其中 L_t 表示模型在训练数据中的损失,L_V 表示在验证数据中的损失。

$$\text{fitness} = L_t + L_V \tag{5-6}$$

(二)对比算法性能分析

为了测试 QBOA 优化 ECG-Ⅲ模型的性能,我们使用 IPO、GWO 和 BOA 进行对比试验,设置相同的总体、初始总体位置和迭代次数,以确保比较的可信度。同时,考虑到仿生算法的随机因素,每一种算法进行 10 次优化,取平均优化曲线作为最终的比较曲线。由于 ECG-Ⅲ模型有 8 个组件模型,因此选取 IMF$_1$ 和 IMF$_2$ 组件模型随迭代次数的适应度曲线作为例子来说明 QBOA 的优化性能,优化性能对比如图 5.18 所示。

从图 5.18 可以看出,在优化 ECG-Ⅲ模型时,QBOA 的性能优于其他三种算法,并且在 200 次迭代后,QBOA 得到了更合适的超参数组合。这是因为量子计算扩展了原有蝴蝶算法的搜索空间,提高了算法的全局搜索能力,而蝴蝶量子比特的变异操作增强了算法跳出局部最优的能力。从 5.18(a)中可以看出,在迭代初期和第 80 次迭代时,GWO 的收敛速度要快于 QBOA。而在图 5.18(b)中,QBOA 算法的收敛速度始终是最快的。通过对算法结构和计算过程的分析,得出以下两点原因:一是 QBOA 的全局搜索和随机搜索是由随机概率决定的,在算法的前期可能存在较多的随机搜索;二是蝶形量子位突变运算使 QBOA 牺牲了部分收敛速度。虽然量子比特突变操作可能会影响 QBOA 的早期收敛速度,但它可以提高算法的后期搜索能力。因此,与得到最优结果相比,收敛速度的损失是可以接受的。

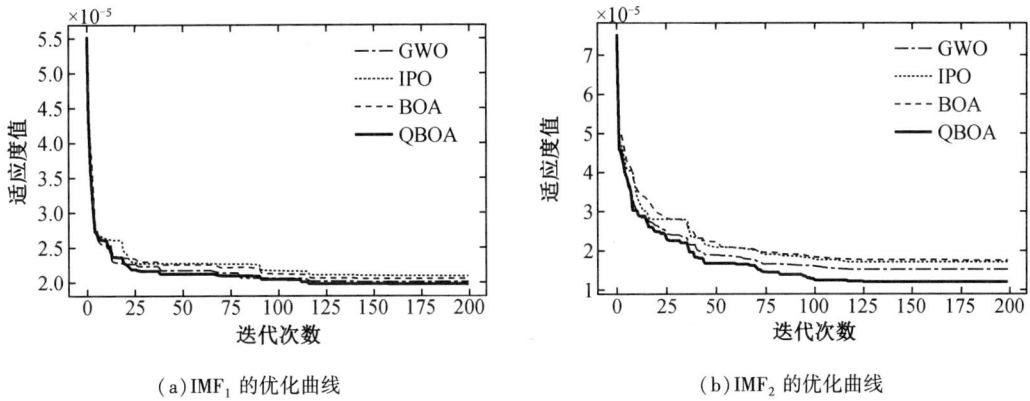

(a) IMF$_1$ 的优化曲线   (b) IMF$_2$ 的优化曲线

图 5.18 算法优化性能对比

第四节 GCWOA-CNN-GRU-AM 舰船运动预测方法实例分析

一、试验数据和开发环境

(一) 船舶运动数据

为了验证该模型的预测性能和算法的有效性,以 C11 集装箱船在不规则波浪中的纵摇和垂荡实测数据为例进行了试验。表 5.16 为 C11 货柜船的主要资料。

通过选取 10 s 的测量数据,将训练、验证和测试数据集统一起来,时间间隔为 0.05 s。图 5.19 为实测垂荡数据的变化曲线,图 5.20 为测得的纵摇数据变化曲线。

表 5.16 C11 货柜船的主要资料

主要项目	值	主要项目	值
垂直间距/m	262	初始稳心高度/m	1.9
型宽/m	40.0	纵向重心/m	5.483(aft)
型深/m	24.45	驱替体积/m^3	69 958
吃水/m	11.8	自然滚动周期/s	24.20

(二) 开发环境

本试验基于虚拟环境,由 Anaconda 构建用于 Python 编程的试验环境,Anaconda 版本为 3.4,Python 版本为 3.6,深度学习框架是 Tensorflow 2.0。

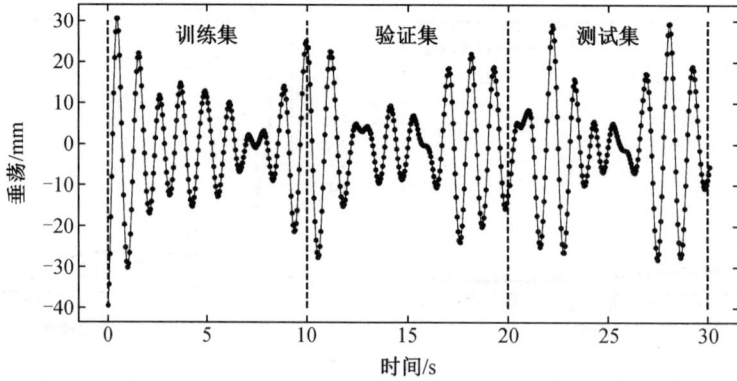

图 5.19 实测垂荡数据的变化曲线

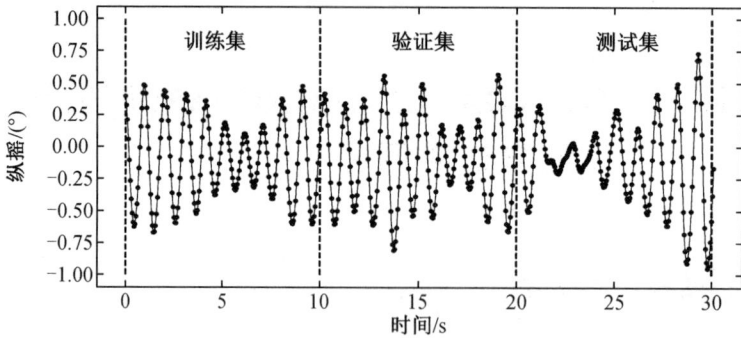

图 5.20 测得的纵摇数据变化曲线

二、模型精度指数

为了测试 GCWOA-CNN-GRU-AM 舰船运动混合预测方法,本书选用了 MAPE 和 RMSE 指标进行评价。将 4 种模型与 CNN-GRU-AM 舰船运动混合预测模型进行比较,将 4 种算法与 CNN-GRU-AM 进行比较,如表 5.17 所示。MAPE 和 RMSE 由式(5-7)和式(5-8)给出。

表 5.17 对比模型和算法

对比模型	对比算法
BPNN	GA
CNN	WOA
GRU	GWOA
CNN-GRU	CWOA
CNN-GRU-AM	GCWOA

$$\text{MAPE} = \frac{1}{n} \sum_{i=1}^{n} \left| \frac{\hat{x}(i) - x(i)}{x(i)} \right| \times 100\% \qquad (5-7)$$

$$RMSE = \sqrt{\dfrac{\sum\limits_{j=1}^{n}(x_j - \hat{x}_j)^2}{n}} \qquad (5-8)$$

三、预测性能

(一)设置预测模型的超参数

本书建立了分别处理垂荡和纵摇数据的 CNN-GRU-AM 舰船运动混合预测模型,通过 GCWOA 对模型进行优化,得到了两种模型超参数的具体设置。本书为了保证比较的可信度,尽量使用相同的超参数。表 5.18 显示了所比较模型的所有超参数。由于输出层节点越少对应的模型拟合损失越小,因此不将输出层节点视为需要优化的超参数,设为 1。

表 5.18 垂荡和纵摇对比模型的超参数设置

对比模型	超参数	垂荡模型	分量	纵摇模型	分量
BPNN	输入维度	20	319	20	355
	Layer1 隐藏节点	8		9	
	Layer2 隐藏节点	15		15	
CNN	输入维度	20	65	20	71
	卷积和大小	2		2	
	卷积和个数	11		14	
	池化层大小	2		2	
GRU	输入维度	20	813	20	916
	隐藏节点	14		15	
CNN-GRU	输入维度	20	1 509	20	1 666
	卷积和大小	2		2	
	卷积和个数	11		14	
	池化层大小	2		2	
	GRU 隐藏节点	14		15	
CNN-GRU-AM	输入维度	20	1 529	20	1 687
	卷积和大小	2		2	
	卷积和个数	11		14	
	池化层大小	2		2	
	GRU 隐藏节点	14		15	

(二)训练和验证损失

图 5.21 和图 5.22 绘制了垂荡和纵摇 CNN-GRU-AM 舰船运动混合预测模型的训练和验证损失随训练次数的曲线。

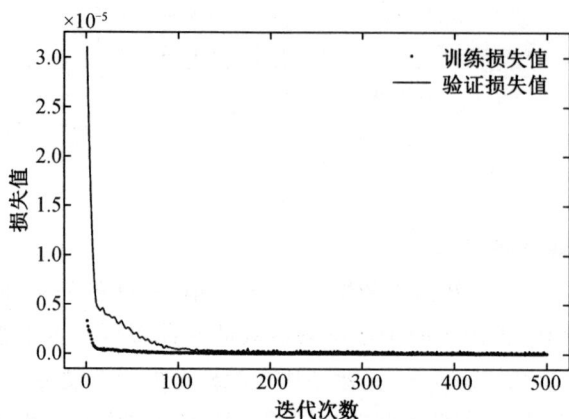

图 5.21　垂荡数据训练和验证损失随训练次数的曲线

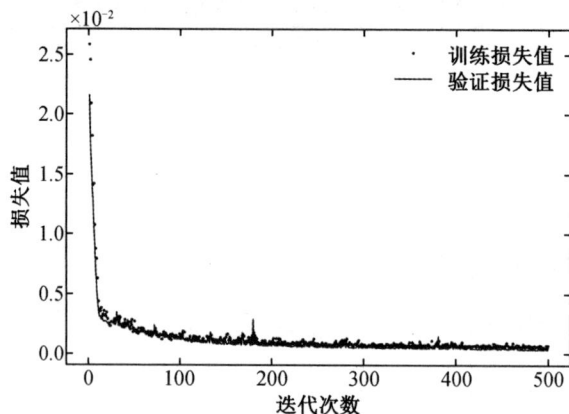

图 5.22　纵摇数据训练和验证损失随训练次数的曲线

从图 5.21 和图 5.22 的结果可以看出,CNN-GRU-AM 舰船运动混合预测模型的训练损失和验证损失随迭代的增加而减小。训练损失的减小表明模型的拟合效果在提高,验证损失的减小表明模型没有过拟合,因此,模型的泛化性能更好。

(三)预测测试数据集结果的比较与分析

为了评估 CNN-GRU-AM 舰船运动混合预测模型的预测性能,使用同一数据集对另外 4 个模型进行预测试验。在对比试验中,由于不同因素随机初始化的影响,MAPE 和 RMSE 指标有所不同,因此每个模型试验进行 20 次,取最优值作为最终结果。垂荡和纵摇预报精度指标值如表 5.19 所示。图 5.23 和图 5.24 比较了使用每种模型的测试数据集的比较结果。

在表 5.19 中,在两种条件下(MAPE = 20.57%,RMSE = 1.282 6,MAPE = 37.32%,RMSE = 0.047 3),CNN 模型优于 BPNN 模型(MAPE = 29.33%,RMSE = 2.952 6,MAPE = 39.21%,RMSE = 0.054 5)和 GRU 模型,这表明 CNN 和 GRU 等深度学习模型在非线性舰船运动预测问题上往往比传统的 BPNN 具有更高的预测精度。在垂荡预测试验中,CNN-GRU 模型(MAPE = 26.06%,RMSE = 1.365 5)的预测能力低于 CNN 模型(MAPE = 20.57%,RMSE = 1.282 6)和 GRU 模型(MAPE = 20.95%,RMSE = 1.152 8)。然而,在纵摇

预测试验中,情况正好相反。各模型的垂荡和纵摇 MAPE 计算指标均显示纵摇的非线性强于垂荡,因此可以合理地认为 CNN-GRU 混合模型对强非线性舰船运动数据的拟合能力优于弱非线性舰船运动数据,因此 CNN-GRU 模型对弱非线性舰船运动数据的鲁棒性较差。在 CNN-GRU 模型中引入 AM 后,如表 5.19 所示,得到的 CNN-GRU-AM 舰船运动混合预测模型(MAPE = 17.13%, RMSE = 1.138 0, MAPE = 23.84%, RMSE = 0.025 0)的预测误差指数低于 CNN-GRU 模型(MAPE = 26.06%, RMSE = 1.365 5, MAPE = 30.49%, RMSE = 0.035 0)。因此,引入 AM 来控制不同特征的影响是至关重要的,可提高舰船运动预测模型的通用性和鲁棒性。

表 5.19　对比模型的预测性能评价指标值

运动	预测模型	MAPE/%	RMSE
垂荡运动	BPNN	29.33	2.952 6
	CNN	20.57	1.282 6
	GRU	20.95	1.152 8
	CNN-GRU	26.06	1.365 5
	CNN-GRU-AM	17.13	1.138 0
纵摇运动	BPNN	39.21	0.054 5
	CNN	37.32	0.047 3
	GRU	35.73	0.036 3
	CNN-GRU	30.49	0.035 0
	CNN-GRU-AM	23.84	0.025 0

从图 5.23 和图 5.24 的分析曲线可以看出,虽然模型在峰谷和强波动区域的预测误差较大,但对波动的拟合效果较好。

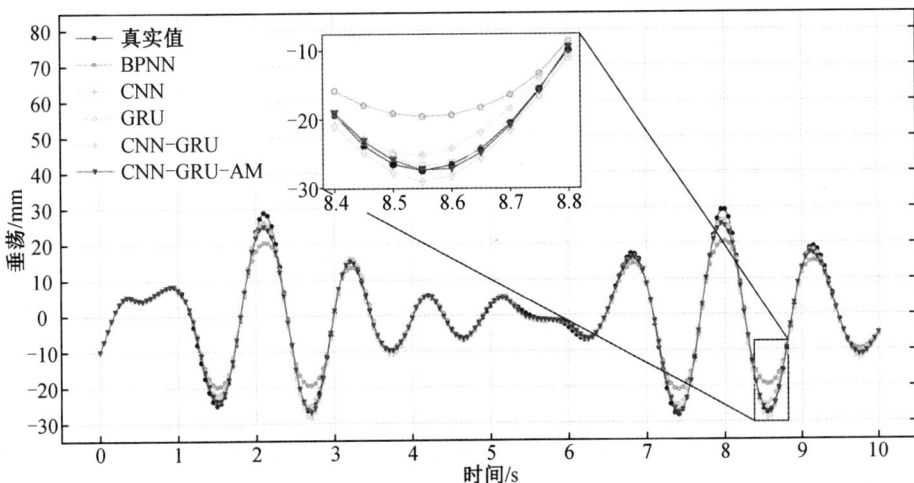

图 5.23　垂荡预报的比较结果

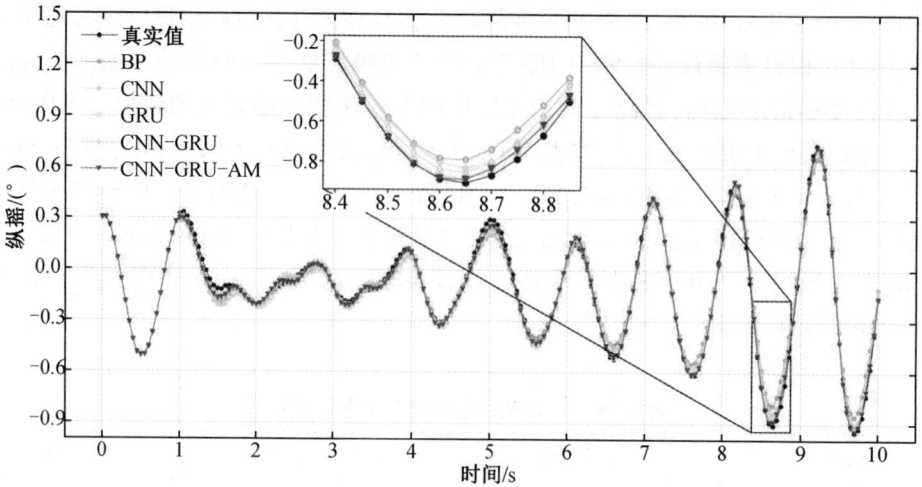

图 5.24　纵摇预报的比较结果

本书提出的模型预测结果更符合实际情况。特别是在噪声和非线性较强的地区，C&G&A 舰船运动混合预测模型表现出更强的适应性，因此在舰船运动预报中更适合模拟非线性舰船运动。

Derrac 等指出，Wilcoxon 符号秩检验可用于简单的两两比较，Friedman 检验可用于多次比较，因此本书使用这两个检验以确保所提出模型的贡献显著。这两个单尾检验的显著性水平均为 $\alpha=0.005$。表 5.20 给出了差异较大的峰值处的预测结果，并将其作为显著性检验的数据。在 Wilcoxon 符号秩检验中，最初的假设是没有显著差异存在于两种模型的预测精度之间。在 Friedman 检验中，最初的假设是所有比较模型的预测精度之间不存在显著差异。当临界值 W 小于 100 且 p 值小于 0.05 时，原假设被拒绝。

表 5.20　Wilcoxon 符号秩检验和 Friedman 检验结果

运动	模型相比	$W=100$	p 值
垂荡运动	CNN-GRU-AM 与 BPNN	88	0.022 75
	CNN-GRU-AM 与 CNN	0	0.000 01
	CNN-GRU-AM 与 GRU	91	0.027 43
	CNN-GRU-AM 与 CNN-GRU	157	0.440 38
纵摇运动	CNN-GRU-AM 与 BPNN	79	0.0122 2
	CNN-GRU-AM 与 CNN	94	0.032 88
	CNN-GRU-AM 与 GRU	2	0.000 01
	CNN-GRU-AM 与 CNN-GRU	71	0.006 95

在表 5.20 中，基于 Friedman 检验，所提出的 CNN-GRU-AM 模型在预测垂荡和纵摇方面比其他替代模型具有显著性。相比之下，基于 Wilcoxon 符号秩检验，除了最后一组试验的垂荡模型不符合要求外，本书模型的垂荡预测效果优于对比模型，CNN-GRU-AM 模型与

CNN-GRU 模型在垂荡预测方面没有显著差异,但 CNN-GRU-AM 模型在纵摇预测方面优于 CNN-GRU 模型。结果表明,在数据非线性较弱的情况下,引入调幅并不能明显提高预测精度。因此,RMSE 和 MAPE 表明,该模型对强非线性数据更有效。

四、优化性能分析

为了检验 GCWOA 对 C&G&A 舰船运动混合预测模型的优化效果,采用 GA、WOA、GWOA、CWOA 和 GCWOA 对模型进行优化。适应度值由公式(4-36)计算,规模大小和位置与所有算法的位置设置一致,保证了算法的可比性。算法参数设置如表 5.21 所示。这五种算法对超参数进行了 20 次优化,拟合度平均最优解曲线如图 5.25 和图 5.26 所示。

表 5.21 各算法参数设置

	GA	WOA	CWOA	GWOA	GCWOA
a	—	[2, 1.33, 0.67, 0]	[2, 1.33, 0.67, 0]	[2, 1.33, 0.67, 0]	[2, 1.33, 0.67, 0]
b	—	6	6	6	6
P_c	[1, 1, 0, 0]	[1, 1, 0, 0]	[1, 1, 0, 0]	[1, 1, 0, 0]	[1, 1, 0, 0]
P_{ij}	0.1~0.9	0.1~0.9	0.1~0.9	0.1~0.9	0.1~0.9
P_m	0.1	0.1	0.1	0.1	0.1

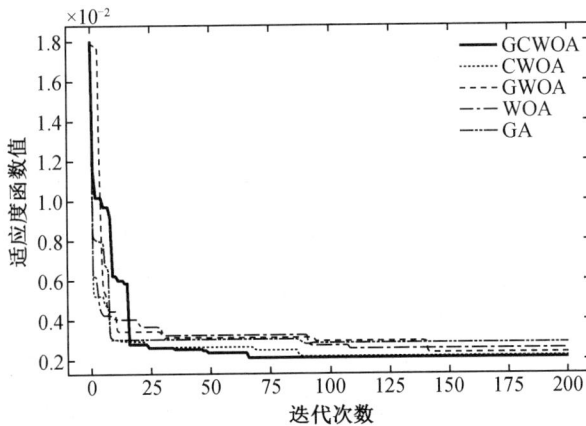

图 5.25 垂荡模型不同优化算法性能比较

从图 5.25 和图 5.26 中可以看出,GCWOA 在所有算法中收敛速度和搜索能力最好,因为 NCLS 提高了小尺度优化能力,加快了收敛速度,而 GRGS 提高了全局搜索能力,避免了算法陷入局部最优。

遗传算法以牺牲收敛速度为代价提高了搜索能力。从 WOA 和 GWOA 的曲线可以看出,GWOA 不仅具有 WOA 的收敛速度,而且继承了 WOA 强大的全局搜索能力。通过对 WOA 曲线和 CWOA 曲线的比较发现,引入 NCS 可以提高 WOA 的收敛速度和优化能力,因为 CWOA 完成位置更新的方式与细心搜索小区域的 NCLS 一致。

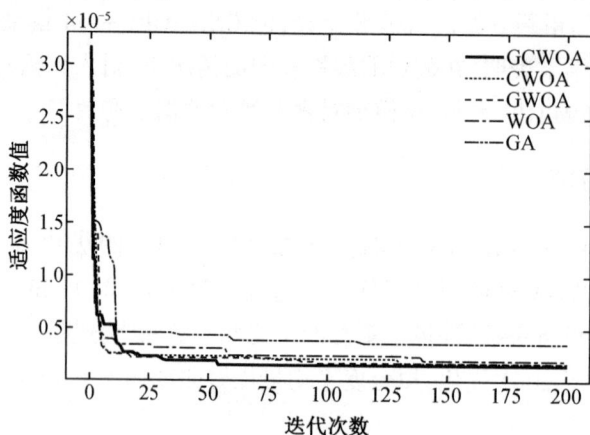

图 5.26　纵摇模型中不同优化算法性能比较

超参数的选择是 CNN-GRU-AM 舰船运动混合预测模型预测精度高的关键。在具有不连续超参数的情况下,本书提出的 GCWOA 在搜索能力和收敛速度上都优于所比较的算法,是比较适合用于优化 C&G&A 舰船运动混合预测模型超参数的算法。

第五节　EEMD-ConvLSTM-CQALO 浮式平台运动预测方法实例分析

一、试验数据及其模态分解

(一)数值试验数据

本书为了验证所提出的 EEMD-ConvLSTM-CQALO 浮式平台运动混合预测方法的可行性和优越性,利用某海上工作平台的运动实际监测数据进行了数值试验。

本次试验使用的海上浮式平台总长 24 m,深度 11 m,宽度 26 m。这个浮式平台主要用于科学考察、收集海洋数据等。海上浮式平台的工作环境为平均波向 296.3,平均波周期 5.07,潮流方向 274.8,流速 0.14。浮式平台运动的监测组件包括横摇、纵摇、艏摇、横荡、纵荡和垂荡方向。为了测试本书所建立的方法在浮式平台运动不同监测分量下的预测性能,分别使用横荡和垂荡数据进行了数值试验研究。

数据监控周期为“2021/7/24-22:00-2021/7/24-22:30”,采集周期为 2 s,共获得了 900 条横摇和垂荡监测数据。

横荡数据分为训练数据、验证数据和测试数据三个子集。横荡的训练数据、验证数据和测试数据集分别为 800、100 和 100,如图 5.27 所示。垂荡编号分别为 800、100 和 100 的训练数据、验证数据和测试数据集,如图 5.28 所示。

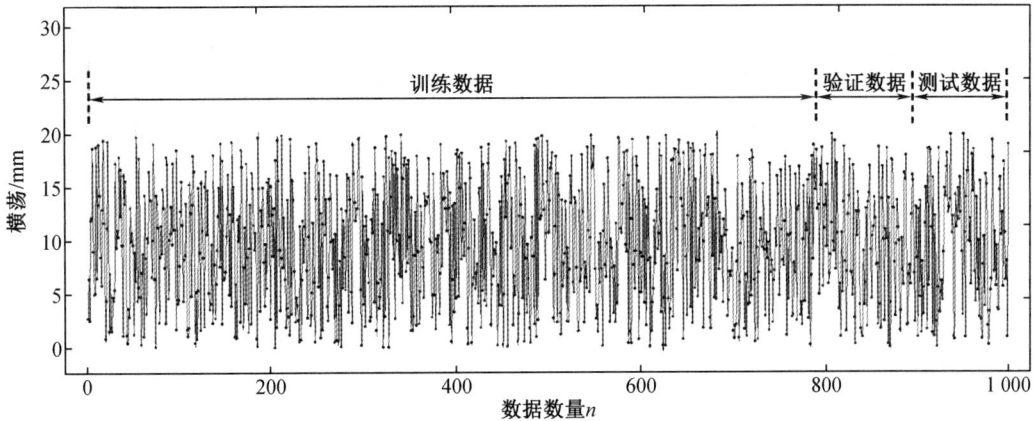

图 5.27　横荡数据的时间序列

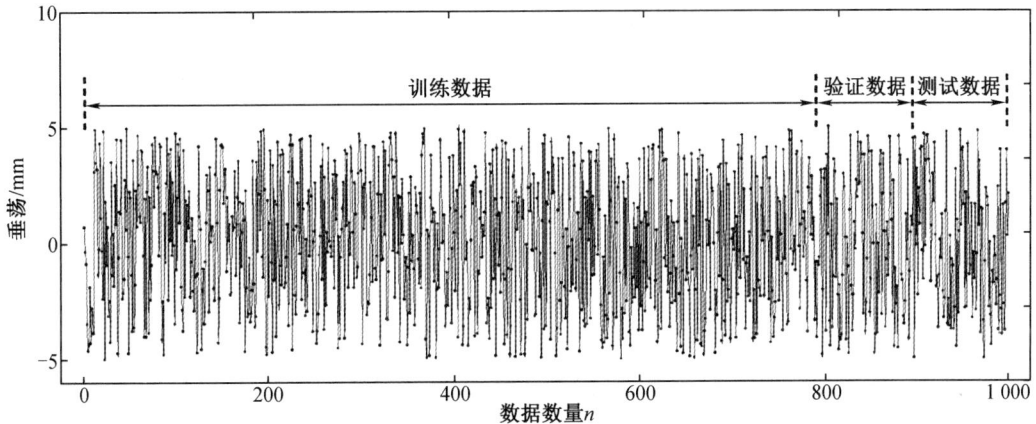

图 5.28　垂荡数据时间序列

(二)浮式平台运动时间序列的模态分解与分析

在 EEMD 模态分解之前,需要初始化噪声的个数 m 和高斯白噪声的标准差 σ'。如果白噪声标准差太大,噪声信号可能会覆盖原始信号,造成更大的误差,如果太小,则会造成模式混叠,分解效果会回到 EMD 算法的水平。

根据浮式平台运动时间序列的特点,本书采用 Huang 的建议,选取 $M=80,\sigma'=0.2$ 对横荡和垂荡时间序列数据进行分解,分别得到了摇荡时间序列的 9 个本征模态函数 $\{IMF_1 \sim IMF_8\}$ 和残差 Res。分解结果如图 5.29 和图 5.30 所示。

由图可以看出,横荡和垂荡时间序列各 IMF 分量的频率由高到低不等。高频分量为短期波动,代表原始序列中的噪声,低频分量代表原始序列的长期趋势。几何布朗运动可以用来描述浮式平台运动的变化趋势。几何布朗运动由漂移项和涨落项组成,漂移项表示趋势项,波动项表示随机波动。本书的 EEMD 分解结果类似于布朗运动,最低频率的残差分量类似于漂移项。对于噪声序列,EEMD 的分解深度高于几何布朗运动随机波动项的分解深度,对噪声序列的分解更加彻底。因此,利用分解后的序列进行浮式平台运动预测更有利于提高浮式平台运动的预测精度。

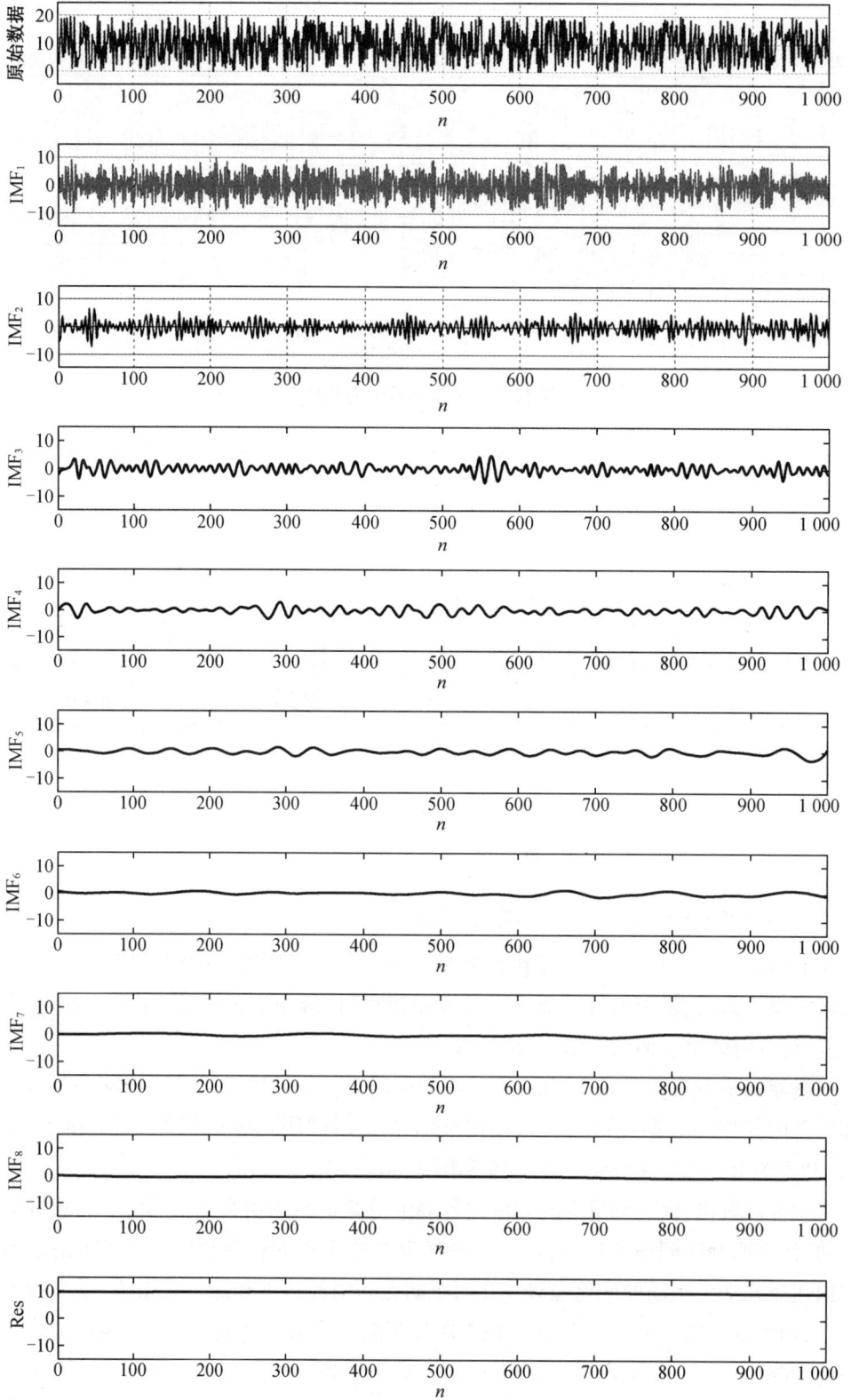

图 5.29　横荡时间序列的模态分解

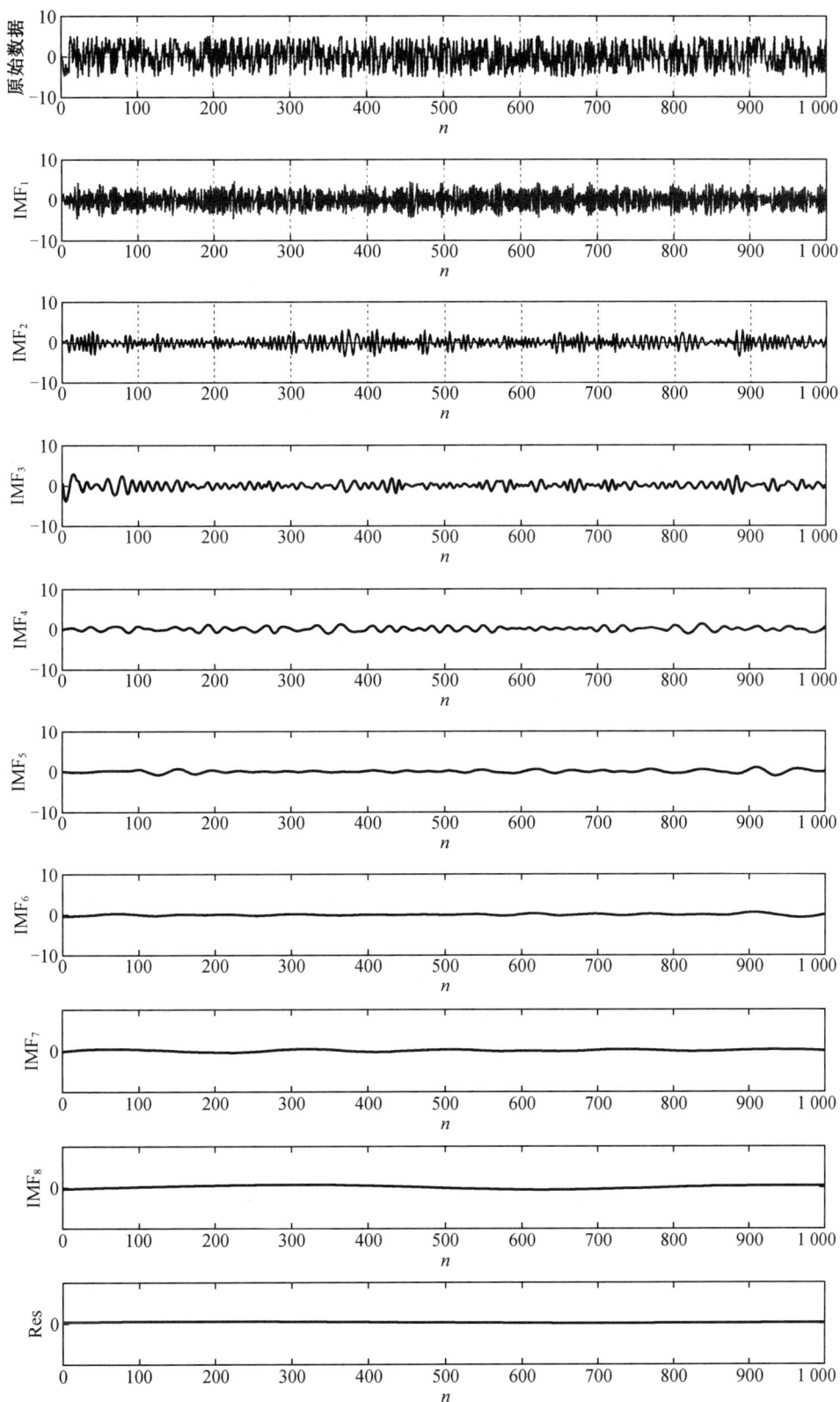

图 5.30 垂荡时间序列的模态分解

(三)预测精度评价指标

为了评价 EEMD-ConvLSTM-CQALO 浮式平台运动混合预测方法,选择 RMSE 和 MAPE 作为预测效果的评价指标。计算公式如下:

$$RMSE = \sqrt{\frac{\sum_{j=1}^{n}(x_j - \hat{x}_j)^2}{n}} \qquad (5-9)$$

$$MAPE = \frac{1}{n}\sum_{i=1}^{n}\left|\frac{\hat{x}(i) - x(i)}{x(i)}\right| \times 100\% \qquad (5-10)$$

式中,n 为数据总数;$x(i)$ 为第 i 点的实际值;其中 $\hat{x}(i)$ 为点 i 的预测值。

在本书中,所有的预测模型都是在一台配备了 12 代 Intel(R) Core(TM) i7-12700H 3.4 GHz CPU 和 GeForce RTX 3070 GPU 的个人计算机上构建的。本试验基于 Anaconda 搭建的虚拟环境进行 Python 编程试验,Anaconda 版本为 3.4,Python 版本为 3.6,深度学习框架是 Tensorflow 2.0。

二、预测和优化性能分析

(一)预测性能测试和分析

为了检验本书提出的 EEMD-ConvLSTM 模型的预测性能,作者分别采用 ARIMA(根据观测时间序列拟合参数模型来预测未来值)、BPNN(设置合适的网络架构来模拟浮式平台运动的非线性动态系统)、SVR(用历史数据训练模型来获得输入和输出之间的关系)、FC-LSTM(将估计过程视为一个简单的时序估计问题,不涉及卷积运算,不考虑空间信息),选择 ConvLSTM 和 EEMD-ConvLSTM 6 个模型进行预测试验研究。

本书使用 SPSS 11.5 软件对浮式平台运动时间序列进行拟合。考虑 tanh 函数是双曲函数,通过将输入值转换为(-1, 1)之间的输出值,使负方向极值趋于-1,正方向极值趋于 1,可以实现数据测量的统一,因此确定 tanh 函数作为 FC-LSTM、ConvLSTM 和 EEMD-ConvLSTM 网络的激活函数。在对浮式平台运动进行时间序列分析的基础上,选择 RBF 核函数作为 SVR 模型的核函数。为保证比较试验的可靠性,采用 CQALO 对 BPNN、SVR、FC-LSTM、ConvLSTM、VMD-ConvLSTM 和 EEMDConvLSTM 进行了优化。上述模型对横荡数据和垂荡数据的参数列于表 5.22。

表 5.22 比较横荡数据和垂荡数据的模型参数

模型	参数名称	参数值	
		横荡数据	垂荡数据
ARIMA	$[P, d, q]$	$[2, 2, 2]$	$[2, 3, 2]$
SVR	$[C, \varepsilon, \gamma]$	$[10, 0.8, 0.4]$	$[10, 0.6, 0.5]$

表 5.22(续)

模型	参数名称	参数值	
		横荡数据	垂荡数据
BPNN	[层数,输入层节点, 中间层节点,输出层节点]	[3, 6, 13, 1]	[4, 6, 13, 8, 1]
FC-LSTM	[网络层数,内核大小和 步长,卷积内核大小]	[5, (2,2,1), 3×3]	[6, (4,4,1), 5×5]
ConvLSTM	[网络层数,内核大小和 步长,卷积内核大小]	[5, (4,4,2), 5×5]	[6, (4,4,2), 7×7]
EEMD-ConvLSTM	IMF_i[网络层数, 内核大小和步长, 卷积内核大小]	IMF_1[5, (2,2,1), 3×3] IMF_2[5, (4,4,2), 5×5] IMF_3[4, (2,2,1), 3×3] IMF_4[4, (2,2,1), 3×3] IMF_5[4, (2,2,1), 5×5] IMF_6[3, (4,4,1), 3×3] IMF_7[3, (2,2,1), 3×3] IMF_8[2, (2,2,1), 5×5] Res[2, (2,2,1), 3×3]	IMF_1[5, (4,4,2), 7×7] IMF_2[5, (4,4,2), 5×5] IMF_3[5, (4,4,2), 3×3] IMF_4[4, (4,4,2), 5×5] IMF_5[4, (2,2,1), 5×5] IMF_6[4, (2,2,1), 3×3] IMF_7[3, (4,4,2), 5×5] IMF_8[2, (2,2,1), 5×5] Res[2, (2,2,1), 3×3]

作者分别对横荡数据进行了预测性能对比试验。为了消除随机性对比较试验的影响，上述比较模型分别使用表 5.22 所列的超参数进行了 20 次训练。取每个模型 20 个预测结果对应的平均值作为每个模型的最终预测结果。各模型的预测结果如图 5.31 和图 5.32 所示。各模型预测性能评价指标值如表 5.23 所示。

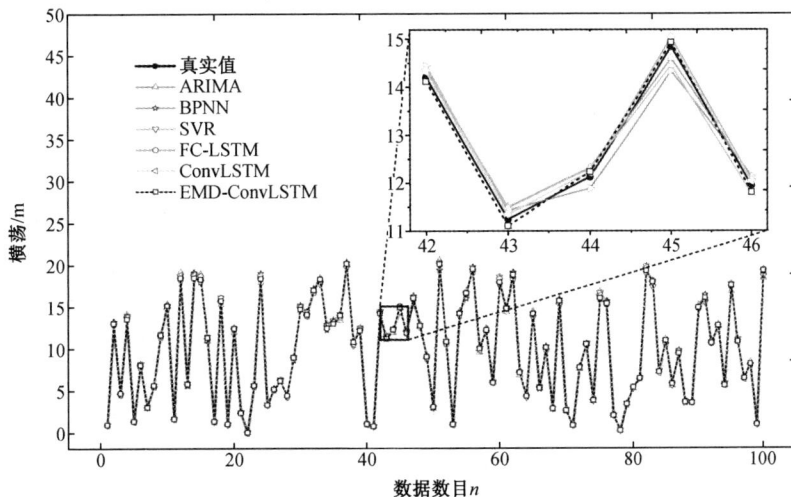

图 5.31　横荡预报的对比结果

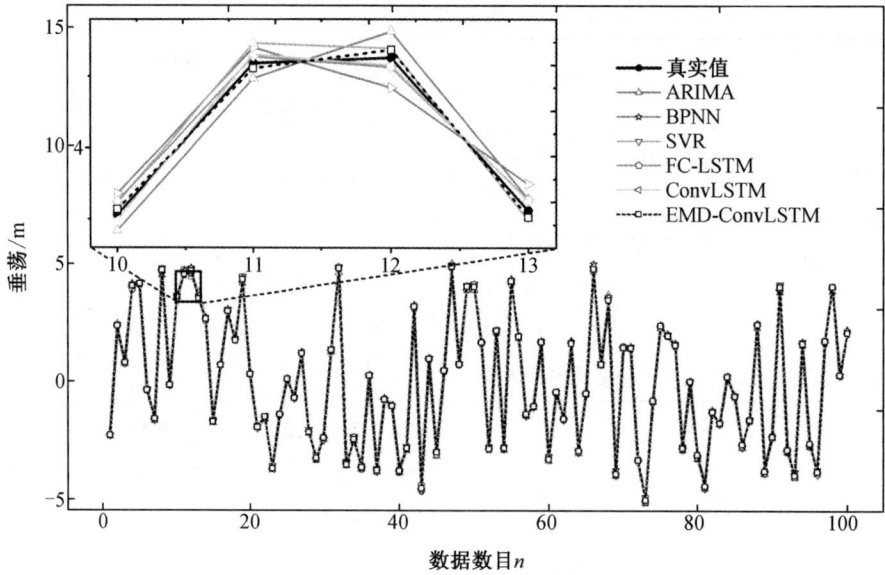

图 5.32　垂荡预报的比较结果

表 5.23　比较模型预测性能评价指标值

运动类型	预测模型	RMSE	MAPE/%
横荡数据	ARIMA	0.290 3	2.45
	BPNN	0.243 8	2.08
	SVR	0.223 9	1.89
	FC-LSTM	0.156 0	1.34
	ConvLSTM	0.114 6	0.98
	EEMD-ConvLSTM	0.104 6	0.87
垂荡数据	ARIMA	0.093 8	3.47
	BPNN	0.078 0	2.86
	SVR	0.067 5	2.37
	FC-LSTM	0.049 9	1.78
	ConvLSTM	0.039 2	1.35
	EEMD-ConvLSTM	0.026 1	0.94

　　从图 5.31、图 5.32 和表 5.23 可以看出,本书提出的 EEMD-ConvLSTM 的预测结果最接近实际值,尤其是在波动拐点附近。EEMD-ConvLSTM 的预测性能评价指标值优于本书选取的其他 5 种模型。详细分析结果如下。

　　在表 5.23 中,BPNN 和 SVR 模型在横荡数据和垂荡数据下的预测性能评价指标值(MAPE = 2.08%, RMSE = 0.243 8, MAPE = 1.89%, RMSE = 0.223 9, MAPE = 2.86%, RMSE = 0.078, MAPE = 2.37%, RMSE = 0.067 5)优于预测性能评价指标值(MAPE = 2.45%, RMSE = 0.290 3, MAPE = 3.47%, RMSE = 0.093 8)的 ARIMA 模型,表明非线性仿

真的能力使得 BPNN 和 SVR 模型在预测浮式平台运动时获得了比 ARIMA 模型更高的预测精度。

对比 FC-LSTM 和 SVR 模型,FC-LSTM 的预测性能评价指标值(MAPE = 1.34%,RMSE = 0.156 0, MAPE = 1.78%, RMSE = 0.049 9)小于 SVR,说明基于深度学习架构的 FC-LSTM 比 SVR 能更好地模拟浮式平台运动非线性动态系统的特性,获得更准确的预测结果。

对比 ConvLSTM 与 FC-LSTM 的预测性能评价指标值,ConvLSTM 的评价指标值(MAPE = 0.98%, RMSE = 0.114 6, MAPE = 1.35%, RMSE = 0.039 2)均小于 FC-LSTM(MAPE = 1.34%, RMSE = 0.156 0, MAPE = 1.78%, RMSE = 0.049 9)。

研究表明,ConvLSTM 的 CNN 和 RNN 在空间和时间维度上有效地模拟了浮式平台运动的非线性动态系统机制,与 FC-LSTM 相比,提高了浮式平台运动的预测性能。EEMD-ConvLSTM 与 ConvLSTM 的 MAPE 和 RMSE,以及 EEMD-ConvLSTM 的预测精度优于 ConvL-STM,说明使用 ConvLSTM 对分解后的时间序列进行模拟得到了更准确的预测结果,因为 EEMD 的引入降低了浮式平台运动时间序列的非线性,对预测性能评价指标值(RMSE = 0.114 6, MAPE = 0.98%, RMSE = 0.039 2)的偏移效果很好,MAPE = 1.35%能较好地预测性能评价 EEMD-ConvLSTM 的指标值(RMSE = 0.104 6, MAPE = 0.87%, RMSE = 0.026 1, MAPE = 0.94%)。

对比 VMD-ConvLSTM 模型和 EEMD-ConvLSTM 模型在横荡数据和垂荡数据下的预测性能评价指标值(MAPE = 0.92%, RMSE = 0.109 7, MAPE = 1.04%, RMSE = 0.031 8, MAPE = 0.87%, RMSE = 0.104 6, MAPE = 0.94%, RMSE = 0.026 1),表明 EEMD 模型对浮式平台运动的预测性能优于 VMD 模型。

由于垂荡数据具有较强的非线性,因此垂荡数据选择的所有预测模型的预测精度都不如横荡数据。但同时也发现,随着预测时间序列复杂度的增加,EEMD-ConvLSTM 与本书选择的比较模型相比,仍能取得更好的预测精度。也就是说,预测模型 EEMD-ConvLSTM 评价指标的变化受到时间序列非线性的限制,这也证明了 EEMD-ConvLSTM 在预测浮式平台运动方面与本书选取的比较模型相比具有较好的鲁棒性。总之,通过建立 EEMD-ConvLSTM 模型来提高浮式平台运动的预测精度和鲁棒性是成功的。

最后,为了检验 EEMD-ConvLSTM 模型在预测浮式平台运动时是否比其他模型显著提高预测精度,本书应用 Wilcoxon 符号秩检验法。单尾检验的显著性水平为 $\alpha = 0.05$。最初的假设是两种比较模型对浮式平台运动的预测结果没有显著差异。当 p 值小于 0.05,临界值 W 小于 100 时,原假设被拒绝。EEMD-ConvLSTM 模型与其他 5 个比较模型的预测值组成 5 个比较检验组对应的 Wilcoxon 符号秩检验结果见表 5.24。

由表 5.24 可以看出,用于预测横荡数据的 p 值大于 100,W 大于 0.05,说明 EEMD-ConvLSTM 模型与用于预测横荡数据的 ConvLSTM 模型改进程度不显著。除上述情况外,其余情况均符合显著性检验标准。结果表明,仅使用未进行 EEMD 分解的 ConvLSTM 模型对非线性较弱的横荡数据进行预测时,能获得满意的预测结果。然而,将 EEMD 引入到 EEMD-ConvLSTM 中,当用于具有强非线性特征的海量数据时,其精度比对比模型更稳定。综上所述,本书提出的 EEMD-ConvLSTM 模型在浮式平台运动预测的不同复杂情况下都具有良好鲁棒性。

表 5.24　Wilcoxon 符号秩检验结果

运动	模型相比	$W = 100$	p 值
横荡数据	EEMD-ConvLSTM 对比 ARIMA	72	0.007 048
	EEMD-ConvLSTM 对比 BPNN	86	0.022 233
	EEMD-ConvLSTM 对比 SVR	89	0.023 009
	EEMD-ConvLSTM 对比 FC-LSTM	92	0.027 731
	EEMD-ConvLSTM 对比 ConvLSTM	118	0.262 222
垂荡数据	EEMD-ConvLSTM 对比 ARIMA	56	0.003 5
	EEMD-ConvLSTM 对比 BPNN	77	0.009 625
	EEMD-ConvLSTM 对比 SVR	79	0.012 22
	EEMD-ConvLSTM 对比 FC-LSTM	88	0.022 75
	EEMD-ConvLSTM 对比 ConvLSTM	94	0.032 88

(二)优化性能测试和分析

为了测试所提出的优化超参数 EEMD-ConvLSTM 混合预测网络的 CQALO 的性能,选择 GA、DE、COA、ALO、GALO、QALO 和 CQALO 作为比较算法进行对比试验。选取 EEMD-ConvLSTM 回归值的 MAPE 作为各算法的适应度函数。为了保证对比试验的可信度,将各算法的种群大小和最大迭代次数设置为相同。使用测量数据进行多次测试,以确定每种算法的参数。

采用 GA、DE、COA、ALO、CALO、QALO 和 CQALO 共 7 种算法,分别利用横荡和垂荡数据对 EEMD-ConvLSTM 的超参数进行优化,参数如表 5.25 所示。考虑到算法迭代的随机性,每个算法优化 20 次,用 20 次的平均适应度值绘制各算法的适应度值曲线。五种算法对应横荡和垂荡数据的适应度值曲线如图 5.33 和图 5.34 所示。

表 5.25　算法参数设置

序列号	算法	参数
1	GA	人口规模,N: 80
		终止演化代数,G_{max}: 200
		交叉概率,P_c: 0.6
		变异概率,P_v: 0.8
2	ALO	种群大小,N: 80
		终止进化代数,G_{max}: 200
3	CALO	种群规模,N: 80
		终止进化代数,G_{max}: 200
		干扰比,D: 0.3

表 5.25(续)

序列号	算法	参数
4	QALO	人口规模,N: 80
		终止演化代数,G_{max}: 200
		膨胀系数,β:0.7
5	CQALO	种群大小,N: 80
		终止进化代数,G_{max}: 200
		膨胀系数,β:0.7
		干扰比,D:0.3
		混合参数,M:0.5

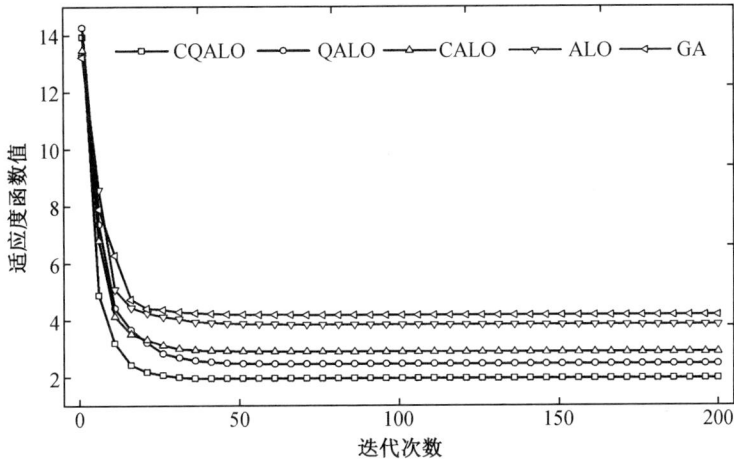

图 5.33 每种比较算法对横荡数据的适应度值曲线

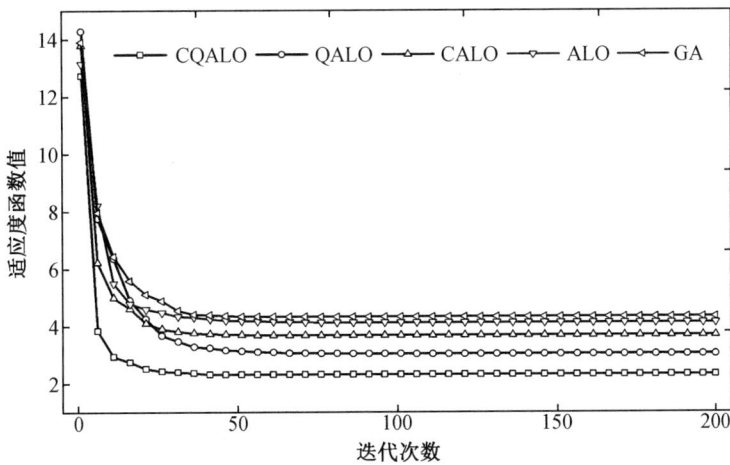

图 5.34 各比较算法的垂荡数据适应度值曲线

从图 5.33 和图 5.34 中可以看出,由于迭代结构不同,本书所使用的五种算法的适应度值曲线也有所不同,利用横荡和垂荡数据,对 EEMD-ConvLSTM 的超参数进行优化。

将 ALO 的适应度曲线与 GA、DE 和 COA 的适应度曲线进行比较,在迭代过程中,ALO 的适应度值略好于 GA、DE 和 COA 的适应度值,说明在每次更新所有蚁狮后,ALO 选择评价值最好的蚁狮作为精英蚁狮,可以避免陷入局部最优解,获得更好的适应度值。对比 ALO 和 CALO 的适应度值曲线,CALO 可以随着迭代的进行不断地找到更好的解。CALO 与 ALO 相比,基于混沌映射的 CALO 种群混沌扰动可以保持种群的多样性,为获得更好的解提供机会,避免陷入局部最优值。然而,混沌扰动的引入也增加了每代的计算时间,导致收敛速度变慢。

对比 ALO 和 QALO 的适应度曲线,QALO 的收敛速度明显优于 ALO。结果表明,量子计算的引入加快了算法的收敛速度。同时,虽然它在一定程度上缓解了种群多样性下降的不足,并且使最优解的适应度优于 ALO 算法,但它仍然陷入局部极值。将适应度值曲线 CQALO 与 CALO 和 QALO 进行比较,可以观察到,在 CQALO 迭代过程中,混沌摄动算法的设计保证了种群的多样性,使种群能够不断获得较好的解,同时量子计算运算的引入加快了种群和的搜索速度,并且解决了引入混沌运算导致收敛缓慢的问题。因此,在优化 EEMD-ConvLSTM 超参数的过程中,CQALO 在保持种群多样性的同时具有较高的收敛速度。

因此,将混沌映射和量子计算引入 ALO 中,提出 CQALO 进行参数优化,以提高 EEMD-ConvLSTM 超参数预测横荡和垂荡的更新速度和精度的尝试取得了预期的效果。

第六章　舰船及浮式平台运动预报未来发展趋势

第一节　舰船及浮式平台运动预报方法研究趋势分析

随着海洋工程、航海技术及军事需求的不断发展,舰船及浮式平台的运动预报精度要求日益提高。为了获得更优质的舰船及浮式平台运动预报结果,需要从多个方面进行综合研究和改进。本章旨在探讨舰船及浮式平台运动预报相关的研究方法,进一步提升舰船及浮式平台运动预报的性能。

一、数据分析与优化方法

作者针对舰船及浮式平台的运动数据,进行了深入的数据分析和挖掘,从而发现数据中的规律和异常,以优化数据预处理、特征提取等步骤。通过优化数据分析和处理方法,可以提高预报模型的输入数据质量,进而提升预报性能。具体方法如下:

(1)数据清洗:数据清洗是预处理的首要任务,包括去除重复数据、修正错误数据、删除或处理与分析无关的数据等。数据清洗的目的是确保数据的准确性和一致性。

(2)缺失值处理:在时序数据中,缺失值是一个常见问题。处理缺失值的方法有很多,如删除含有缺失值的记录、用均值或中位数填充缺失值、使用插值方法进行估算等。选择哪种方法取决于数据的特性和分析目标。

(3)异常值检测:异常值是指与大多数数据点相比,具有显著差异的值。异常值可能会影响模型的性能和预测精度,因此需要进行检测和处理。常见的异常值检测方法包括基于统计的方法、基于距离的方法和基于密度的方法等。

(4)数据变换:数据变换是为了使数据更适合后续的模型训练和分析。常见的数据变换方法包括对数变换、Box-Cox 变换等。这些变换可以改变数据的分布特性,提高模型的性能。

(5)特征提取:对于时序数据,特征提取是将原始数据转化为具有特定含义和预测能力的特征的过程。常见的特征提取方法包括提取统计特征、周期性特征、趋势特征等。提取的特征可以为模型训练提供更丰富的信息。

(6)数据归一化:数据归一化是将原始数据缩放到同一范围内,以消除量纲的影响。常见的归一化方法包括最小-最大归一化、Z-score 归一化等。归一化可以提高模型的收敛速度和预测精度。

(7)数据平滑:数据平滑是为了减少数据中的随机噪声和短期波动,以揭示数据的长期趋势和周期性变化。常见的数据平滑方法包括移动平均法、指数平滑法等。

（8）数据插值：数据插值是为了填补数据中的缺失值，以保持数据的连续性和完整性。常见的插值方法包括线性插值、多项式插值、样条插值等。选择合适的插值方法取决于数据的特性和分析目标。

舰船及海上平台运动时序数据预处理是时序数据分析的重要步骤，包括数据清洗、缺失值处理、异常值检测、数据变换、特征提取、数据归一化、数据平滑和数据插值等多个环节。通过合理的预处理，可以提高数据的质量和可用性，为后续的模型训练和预测分析奠定坚实的基础。预处理的目的在于提高舰船及海上平台运动时序数据的质量，为后续的模型训练和预测分析提供可靠的数据基础，提高舰船及海上平台运动预报性能。

二、深度学习预报模型

传统的舰船及浮式平台运动预报模型可能无法完全描述其在实际海况下的运动特性，因此，需要对运动模型进行改进，以更准确地描述舰船及浮式平台的运动规律。可以考虑引入更优质的预报模型，提高模型的适应性。

循环神经网络（RNN）是一类具有短期记忆能力的神经网络。在 RNN 网络中，神经元不但可以接受其他神经元的信息，也可以接受自身的信息，形成具有环路的网络结构。和前馈神经网络相比，RNN 网络更加符合生物神经网络的结构。RNN 网络在时序数据预测领域具有较好的应用，能够更好地模拟时间序列的时间相关性，得到更优质的预报结果。在后续的研究中，为了改善舰船及浮式平台运动预报出现的长程依赖问题，可引入门控机制来控制信息的累计速度，有选择地加入新的信息，选择性遗忘之前的积累，可采用长短期记忆网络（LSTM）、门控循环单元网络（GRU）等。

循环神经网络（CNN）是一种具有局部连接、权重共享等特性的深层前馈神经网络。CNN 网络最早用于处理图像信息，解决全连接前馈神经网络存在的参数太多、局部不变性特征等问题。在舰船及浮式平台的运动预报过程中，可基于感受野机制，采用 CNN 网络模拟舰船及浮式平台运动非线性动力系统的空间特征，能够有效地降低计算量，提高特征识别准确度，进而提升预测性能。

生成对抗网络（GAN）是通过对抗训练的方式使生成网络产生的样本服从真实数据分布。在生成对抗网络中，有两个网络进行对抗训练：一个是判别网络，目标是尽量准确地判断一个样本是来自于真实数据还是由生成网络产生；另一个是生成网络，目标是尽量生成判别网络无法区分来源的样本。这两个目标相反的网络不断地进行交替训练。当最后收敛时，如果判别网络再也无法判断出一个样本的来源，那么也就等价于生成网络可以生成符合真实数据分布的样本。在舰船及浮式平台运动预报过程中，可尝试利用 GAN 网络对抗训练方式提高预报性能。

强化学习（RL）也叫增强学习，是指一类从（与环境）交互中不断学习问题以及解决这类问题的方法。强化学习问题可以描述为一个智能体从与环境的交互中不断学习以完成特定目标（比如取得最大奖励值）。在舰船及浮式平台运动预报过程中，可尝试建立舰船及浮式平台运动贡献度分配机制，得到整个模型的最终监督信息（奖励），提高预报性能。

另外，也可采用网络优化、正则化、注意力机制等方法，优化现有舰船及浮式平台运动网络存在的优化问题与泛化问题。常用的网络优化方法包括优化算法、超参数优化方法等;常用的网络正则化方法包括l_1和l_2正则化、权重衰减、提前停止、丢弃法、数据增强、标签平滑等;常用的注意力机制包括硬性注意力机制、键值对注意力机制、多头注意力机制、结构化注意力机制等。

在深度学习模型超参优化方面,考虑到智能优化算法能够在最优化问题领域表现良好,可尝试引入智能优化算法求解模型超参组合。针对深度学习模型超参优化问题,离散解空间和高复杂性约束给寻找最优解带来了困难,以及智能优化算法可能面临收敛速度慢、易陷入局部最优解的固有缺陷,本书为提高算法性能,利用量子计算拓展搜索的遍历性,基于混沌映射提升了全局扰动能力,同时制定了新的编码规则,改进了智能优化算法,有望提升舰船及浮式平台运动预报性能。

三、环境因素计入机制

由于风、浪、流的耦合作用,舰船及浮式平台运动具有较强的时变性,因此海况、气象等因素对舰船及浮式平台的运动产生重要影响。在预报过程中,需要充分考虑这些环境因素,并将其纳入预报模型中。通过梳理环境因素对舰船及浮式平台运动特性的影响规律,明晰舰船及浮式平台运动特性的主控要素及内在机理,建立综合考虑环境因素的舰船及浮式平台运动预报模型,可以提高预报模型对实际海况的适应性,从而提升预报性能。

四、传感器选择与应用

传感器是获取舰船及浮式平台运动数据的关键设备。提高传感器的精度和稳定性,可以获取更准确、更可靠的运动数据,为预报模型提供更好的输入。因此,需要关注传感器技术的最新发展,及时将新技术应用于舰船及浮式平台运动预报中。

第二节　舰船及浮式平台运动研究展望

舰船及浮式平台运动预报对于海上作业,特别对于持续时间短且精度要求高的海上作业(如优选舰船转向时机、辅助航行控制、舰载机着舰、导弹发射、猎雷艇动力定位等)至关重要。因此,随着海洋工程和航海技术的不断发展,舰船及浮式平台运动预报的准确性和实时性将越来越受到重视。未来,舰船及浮式平台运动预报可能会呈现以下几个发展趋势。

(1)提升预报精度。现有的舰船及浮式平台运动预报方法能够满足当前精度要求,但是随着舰船及浮式平台高精尖技术的发展,对预报精度的要求亦将逐步提高,探索更高预报精度的预报方法仍需进一步研究。

(2)提高预报鲁棒性。在舰船及浮式平台运动预报过程中,现有的预报网络在面对不同工况与不同条件时,会出现预报精度各不相同的情况,如何建立一种能够满足不同工况下的运动预报方法仍需深入探讨。

(3)延长预报时间。未来通过建立更精准的预报模型,以延长预报时间,更好地满足海上作业的要求仍是一个需要努力的方向。

（4）增强预报实时性。随着 5G、物联网等技术的发展，数据传输速度将大大提高，使舰船及浮式平台运动预报的实时性得以增强，提出实时性更强的预报方法仍值得深入探索。

总之，随着技术的不断发展，舰船及浮式平台运动预报将会越来越精确、实时、高效和智能化，为海上作业的安全和效率提供更好的保障。

参 考 文 献

［1］ SONG C,ZHANG X,ZHANG G. Attitude prediction of ship coupled heave-pitch motions using nonlinear innovation via full-scale test data［J］. Ocean engineering,2022(264):15.

［2］ TANG G,YAO X,LI F,et al. Prediction about the vessel′s heave motion under different sea states based on hybrid PSO_ARMA model［J］. Ocean engineering,2022,263(5):30.

［3］ XUE Y,LIU Y,XUE G,et al. Identification and prediction of ship maneuvering motion based on a gaussian process with uncertainty propagation［J］. Journal of marine science and engineering,2021,9(8):804.

［4］ 薛祎凡. 基于贝叶斯回归的船舶操纵模型系统辨识与模型预测控制［D］. 济南:山东大学,2022.

［5］ WIENER N. Extrapolation,interpolation,and smoothing of stationary time series with engineering,applications［M］. Cambridge:Cambridge University Press,1949.

［6］ BATES M R,BOCK D H,POWELL F D. Analog computer applications in predictor design［J］. Ire transactions on electronic computers,1957(6):143-153.

［7］ YUMORI I R. Real time prediction of ship response to ocean waves using time series analysis［J］. IEEE oceans,1981(81):1082-1089.

［8］ ZHANG Y S,ZHOU L X,CAI F,et al. A new technology of forecasting the takeoff/touchdown opportunity of ship-born helicopter in heavy sea［J］. Navig of China,2002(53):5-10.

［9］ PENG X Y,LIU C D. Extreme short time prediction of ship motion based on lattice recursive least square［J］. Journal of ship mechanics,2012,(16):44-51.

［10］ ZHAO X R,PENG X Y,LU S P,et al. Extreme short forecasting of big ship motion having wave survey［J］. Journal of ship mechanics,2003(7):39-44.

［11］ 向云平. 舰船目标运动预报方法中灰色系统的研究［J］. 舰船科学技术,2021,43(14):76-78.

［12］ SHEN J H. GM (1,1) for modeling oscillation series via triangle transformation［J］. The journal of grey system,2002(14):5-8.

［13］ LIU L S,PENG X F. Second order gray neural network in ship roll forecast［J］. Journal of ship mechanics,2011,15(5):468-472.

［14］ SUN L H,SHEN J H. Application of the grey topological method to predict the effects of ship pitching［J］. Journal of marine science and application,2008,7(7):292-296.

［15］ YIN J C,ZHOU Z D,XU F,et al. Online ship roll motion forecasting based on grey sequential extreme learning machine［J］. Neurocomputing,2014(129):168-174.

[16] 贾子锌,柳淑学,李金宣,等.基于 BP 神经网络对横浪作用下系泊油船的运动量预测分析[J].水道港口,2022,43(4):430-436.

[17] 谷达京,施哲源,陈根良,等.基于神经网络的船体运动位姿预测方法[J].舰船科学技术,2022,44(15):55-59.

[18] 李冲,章文俊,薛宗耀,等.具有外源输入的船舶横摇运动 NARX 神经网络预测[J].舰船科学技术,2022,44(11):63-67.

[19] 贾子锌.基于神经网络系泊船舶运动的预测模型研究[D].大连:大连理工大学,2022.

[20] 唐刚,唐溥,邵辰彤,等.基于 IPESN 的船舶升沉运动预报方法[J].船舶工程,2021,43(4):43-47.

[21] 徐东星.改进天牛群搜索算法及其在船舶纵摇运动预测中的应用[J].广东海洋大学学报,2021,41(3):113-122.

[22] 孙珊珊.小波神经网络舰船运动受扰力预测模型[J].舰船科学技术,2021,43(8):4-6.

[23] 易文海,高志亮.基于 LSTM 神经网络的随机横浪中船舶横摇运动极短期预报[J].武汉理工大学学报:交通科学与工程版,2021,45(6):1113-1117.

[24] 李昊波.基于长短期记忆神经网络的浮式海洋平台运动在线预报研究[D].上海:上海交通大学,2020.

[25] 黄柏刚.基于小波神经网络的波浪中船舶运动在线建模与预报研究[D].上海:上海交通大学,2019.

[26] 杨柳,徐东昊.基于极短期运动预报的舰载机着舰过程仿真分析[J].中国舰船研究,2018,13(4):99-103.

[27] SCHIRMANN M L,COLLETTE M D,GOSE J W. Data-driven models for vessel motion prediction and the benefits of physics-based information[J]. Applied ocean research,2022,120(3):102916.

[28] JIANG Y,JIA M,ZHANG B,et al. Ship attitude prediction model based on cross-parallel algorithm optimized neural network[J]. IEEE access,2022(10):77857- 77871.

[29] DING Z X. A ship-motion prediction algorithm based on modified covariance method and neural networks[J]. Proceedings of spie—the international society for optical engineering,2022(3):12260.

[30] XU C Z,ZOU Z J. Online prediction of ship roll motion in waves based on auto-moving gird search-least square support vector machine[J]. Mathematical problems in engineering,2021(9):1-11.

[31] LIU C,YIN J C,ZHANG X G,et al. Online ship rolling estimation using a grey support vector machine prediction scheme[J]. Proceedings of science,2015(3):16.

[32] LIU X X,WANG Q M,HUANG R,et al. A prediction method for deck-motion based on online least square support vector machine and genetic algorithm[J]. Journal of marine science and technology ,2019,24(2):382-397.

[33] LI M W,GENG J,HAN D F,et al. Ship motion prediction using dynamic seasonal RvSVR

with phase space reconstruction and the chaos adaptive efficient FOA[J]. Neurocomputing,2016(174):661-680.

[34] LI M W,GENG J,HONG W C,et al. Periodogram estimation based on LSSVR-CCPSO compensation for forecasting ship motion[J]. Nonlinear dynamics,2019,97(4): 2579-2594.

[35] HONG W C,LI M W,GENG J,et al. Novel chaotic bat algorithm for forecasting complex motion of floating platforms[J]. Applied mathematical modelling,2019(72):425-443.

[36] 詹可,朱仁传. 一种 CNN-LSTM 船舶运动极值预报模型[J]. 上海交通大学学报,2023,57(8):963-971.

[37] 张琴,刘敦康,张蒸忠,等. 基于联邦 LSTM 的突遇新频率船舶升沉运动预测策略[J]. 船舶工程,2022,44(7):103-108.

[38] ZHOU T,YANG X,REN H,et al. The prediction of ship motion attitude in seaway based on BSO-VMD-GRU combination model[J]. Ocean engineering,2023,288(1):115977.

[39] 夏骏达,郑伟伦,王子涵,等. 基于 EMD-LSTM 的船舶运动姿态短期预测[J]. 计算机与数字工程,2022,50(7):1434-1438.

[40] 杨冰华. 基于深度学习的船舶运动姿态极短期预报研究[D]. 镇江:江苏科技大学,2022.

[41] LEE J H,LEE J,KIM Y,et al. Prediction of wave-induced ship motions based on integrated neural network system and spatiotemporal wave-field data[J]. Physics of fluids,2023,35(9):30.

[42] 左思雨. 复杂环境下非平稳船舶运动实时预报算法研究[D]. 镇江:江苏科技大学,2022.

[43] 张博一,胡雄,唐刚,等. 基于二元 LSTM 神经网络的船舶运动预测算法研究[J]. 海洋科学,2021,45(9):69-74.

[44] WANG H,LEI D,WU F. Combined forecasting of ship heave motion based on induced ordered weighted averaging operator[J]. IEEJ transactions on electrical and electronic engineering,2023,18(1):58-64.

[45] 刘长德,顾宇翔,张进丰. 基于小波滤波和 LSTM 神经网络的船舶运动极短期预报研究[J]. 船舶力学,2021,25(3):299-310.

[46] 易文海. 基于 LSTM 神经网络的随机海浪中船舶运动极短期预报方法研究[D]. 武汉:武汉理工大学,2021.

[47] D'AGOSTINO D,SERANI A,STERN F,et al. Time-series forecasting for ships maneuvering in waves via recurrent-type neural networks[J]. Journal of ocean engineering and marine energy,2022,8(4):479-487.

[48] FU H,GU Z,WANG H,WANG Y. Ship motion prediction based on ConvLSTM and XGBoost variable weight combination model[J]. Oceans conference record, 2022(5):1-8.

[49] SUN Q,TANG Z,GAO J,et al. Short-term ship motion attitude prediction based on LSTM and GPR[J]. Applied ocean research,2022,118(10):102927.

[50] WANG Y,WANG H,ZHOU B,et al. Multi-dimensional prediction method based on Bi-

LSTMC for ship roll[J]. Ocean engineering,2021,242(3):110106.

[51] YI W,GAO Z. Very short-term prediction of ship rolling motion in random transverse waves based on lstm neural network[J]. Wuhan journal of wuhan university of technology (transportation science and engineering),2021,45(6):1113-1117.

[52] ZHANG T,ZHENG X Q,LIU M X. Multiscale attention-based lstm for ship motion prediction[J]. Ocean engineering,2021,230(13):109066.

[53] WANG Y,WANG H,ZOU D,et al. Ship roll prediction algorithm based on Bi-LSTM-TPA combined model[J]. Journal of marine science and engineering,2021,9(4):387.

[54] ZHANG B,GAO J,PENG X Y. Ship motion attitude prediction based on ELM-EMD-LSTM integrated model[J]. Journal of ship mechanics,2020,24(11):1413-1421.

[55] SU Y,LIN J,ZHAO D,et al. Real-time prediction of large-scale ship model vertical acceleration based on recurrent neural network[J]. Journal of marine science and engineering,2020,8(10):1-12.

[56] PENG X,ZHANG B. Ship motion attitude prediction based on EMD-PSO-LSTM integrated model[J]. Journal of chinese inertial technology,2019,27(4):421-426.

[57] FENG H,CAO G,XU H,et al. An Improved Social spatial-temporal graph convolutional neural network for ship trajectory prediction[J]. Ocean engineering, 2022, 266 (3):112960.

[58] YIN J C,PERAKIS A N,WANG N. A real-time ship roll motion prediction using wavelet transform and variable RBF network[J]. Ocean engineering,2018,160(15):10-19.

[59] 孙珽,徐东星,茊占星,等.改进二阶灰色极限学习机在船舶运动预报中的应用[J]. 中国航海,2020,43(3):20-26.

[60] 董冠男,许媛媛,李广健,等.基于 BP 和 LSTM 组合优化的船舶升沉运动预测[J].船舶工程,2022,44(3):55-60.

[61] 蒙文巩,王笑语,佟明,等.基于船舶运动数据分析的预报方法[J].船舶工程,2021,43(S2):106-108.

[62] 余缜,李军.基于 NAR 神经网络的船舶运动姿态短期预测[J].计算机与数字工程,2021,49(7):1346-1349.

[63] HAN H,WANG W. A hybrid bpnn-garf-svr prediction model based on eemd for ship motion [J]. Cmes-computer modeling in engineering and sciences,2023, 134 (2):1353-1370.

[64] WEI Y,CHEN Z,ZHAO C,et al. An ensemble multi-step forecasting model for ship roll motion under different external conditions:A case study on the South China Sea[J]. Measurement,2022,201(13):111679.

[65] WEI Y,CHEN Z,ZHAO C,et al. Big multi-step ship motion forecasting using a novel hybrid model based on real-time decomposition, boosting algorithm and error correction framework[J]. Ocean engineering,2022,256(1):230.

[66] NOVRI S,SUHARTONO D D,PRASTYO B A. Roll motion forecasting using a hybrid deep learning and ARIMA model[J]. Procedia computer science,2018(144):251-258.

［67］ PENG X Y,ZHANG B,ZHOU H G. An improved particle swarm optimization algorithm applied to long short-term memory neural network for ship motion attitude forecasting［J］. Transactions of the institute of measurement and control,2019(15):4462-4471.

［68］ ZHANG W,WU P,PENG Y,et al. Roll motion forecasting of unmanned surface vehicle based on coupled CNN and LSTM［J］. Future internet,2019(11):243.

［69］ LIU Y,DUAN W,HUANG L,et al. The input vector space optimization for LSTM deep learning model in real-time forecasting of ship motions［J］. Ocean engineering,2020,213 (Oct. 1):107681.1-107681.10.

［70］ LEE D,LEE S J. Motion predictive control for DPS using predicted drifted ship position based on deep learning and replay buffer［J］. International journal of naval architecture and ocean engineering,2020(12):768-783.

［71］ WANG Y,WANG H,ZOU D,et al. Ship roll prediction algorithm based on Bi-LSTM-TPA combined model［J］. International journal of naval architecture and ocean engineering, 2020,9(4):384.

［72］ CANIZO M,TRIGUERO I,CONDE A,et al. Multi-head CNN-RNN for multitime series a-nomaly detection:An industrial case study［J］. Neurocomputing,2019(363):246-260.

［73］ FUKUOKA R,SUZUKI H,KITAJIMA T,et al. Wind speed prediction model using LSTM and 1D-CNN［J］. Journal of signal processing,2018,22 (4):207-210.

［74］ WEI Y,CHEN Z,ZHAO C,et al. Deterministic and probabilistic ship pitch prediction u-sing a multi-predictor integration model based on hybrid data preprocessing,reinforcement learning and improved QRNN［J］. Advanced engineering informatics,2022,54(1):360.

［75］ ZHU P C,YANG B,XUN S,et al. Research on ship motion prediction model based on transformer［J］. Ship building of China,2022,63 (5):245-255.

［76］ HUANG P,CHEN Q,WANG D,et al. Triple conv transformer:A deep learning vessel trajectory prediction method fusing discretized meteorological data［J］. Frontiers in envi-ronmental science,2022(10):50.

［77］ 朱鹏程,杨冰华,荀顺达,等.基于 Transformer 的船舶运动预测模型研究［J］.中国造船,2022,63(5):245-255.

［78］ LI M W,XU D Y,GENG J,et al. A hybrid approach for forecasting ship motion using CNN-GRU-AM and GCWOA［J］. Applied soft computing,2022(114):108084.

［79］ LI M W,XU D Y,GENG J,et al. A ship motion forecasting approach based on empirical mode decomposition method hybrid deep learning network and quantum butterfly optimiza-tion algorithm［J］. Nonlinear dynamics,2022,107 (3):2447-2467.

［80］ AKAIKE H. Fitting autoregressive models for prediction［J］. Annals of the institute of sta-tistical mathematics ,1969,21(1):243-247.

［81］ AKAIKE H. A new look at the statistical model identification［J］. IEEE transactions on automatic control,1974,AC(19):716-723.

［82］ AKAIKE H. A Bayesian extension of the minimum AIC procedure of autoregressive model fitting[J]. Biometrika,1979(66):237-242.

[83] 黄礼敏.海浪中非平稳非线性舰船运动在线预报研究[D].哈尔滨:哈尔滨工程大学,2016.

[84] HONG W C,DONG Y,CHEN L Y,et al. SVR with hybrid chaotic genetic algorithms for tourism demand forecasting[J]. Applied soft computing,2011 (2):1881-1890.

[85] LI M W,HONG W C,KANG H G. Urban traffic flow forecasting using Gauss-SVR with cat mapping,cloud model and PSO hybrid algorithm[J]. Neurocomputing,2013,99(1):230-240.

[86] FEI Z,WU Z,XIAO Y,et al. A new short-arc fitting method with high precision using Adam optimization algorithm[J]. Optik,2020(212):164788.

[87] LI J,JIN K,ZHOU D,et al. Attention mechanism-based CNN for facial expression recognition[J]. Neurocomputing,2020(411):340-350.

[88] LECUN Y,BOTTOU L,BENGIO Y,et al. Gradient-based learning applied to document recognition[J]. Proceedings of the IEEE,1998,86 (11):2278-2323.

[89] MUNGAI P K,HUANG R. A study on merging mechanisms of simple hopfield network models for building associative memory[J]. IEEE international conference on cognitive informatics and cognitive computing,2017(30):199-206.

[90] YUAN J M,WU W G,YIN X. A special criteria to globally exponentially stability for discrete-time recurrent neural networks[J]. Advanced materials research,2011(181):293-298.

[91] GERS F A,SCHMIDHUBER J,CUMMINS F. Learning to forget:Continual prediction with LSTM[J]. Neural comput,2000,12 (10):2451-2471.

[92] OLIVEIRA L C,OLIVA J T,RIBEIRO M H D,et al. Forecasting the COVID-19 space-time dynamics in Brazil with convolutional graph neural networks and transport modals[J]. IEEE access,2022(3):85064-85079.

[93] MANDIC D P,REHMAN N U,WU Z,et al. Empirical mode decomposition-based time-frequency analysis of multivariate signals:The power of adaptive data analysis[J]. IEEE signal processing magazine,2013,30 (6):74-86.

[94] WU Z,HUANG N E. Ensemble empirical mode decomposition:a noise-assisted data analysis method[J]. Advances in adaptive data analysis,2009(1):1-41.

[95] YANG X S. Nature inspired meta-heuristic algorithms[M]. 2nd ed. Frome:Luniver Press,2010.

[96] HUANG B. KUNOTH A. An optimization based empirical mode decomposition scheme[J]. Journal of computational and applied mathematics, 240 (2013):174-183.

[97] LIU Y,HU C,SUEYOSHI M,et al. Motion response prediction by hybrid panel-stick models for a semi-submersible with bracings[J]. Journal of marine science and technology,2016(21):742-757.

[98] SUYKENS J A K,LUKAS L, VAN P,et al. Least squares support vector machine classifiers[J]. Neural processing letters,1999,9(3):293-300.

[99]　DENG N,TIAN Y,ZHANG C. Support vector machines: optimization based theory,algo-
rithms,and extensions[M]. Boca Raton:CRC Press,2012.

[100]　HONG W C,DONG Y,ZHENG F,et al. Forecasting urban traffic flow by SVR with con-
tinuous ACO[J]. Applied mathematical modelling,2011,35(3):1282−1291.

[101]　LI M W,KANG H,ZHOU P,et al. Hybrid optimization algorithm based on chaos,cloud
and particle swarm optimization algorithm[J]. Journal of systems engineering and elec-
tronics,2013, 24(2):324−334.

[102]　ZHOU Y Q. A cloud adaptive particle swarm optimization algorithm based on mean[J].
Computer engineering and science,2011,33(5):97−101.

[103]　ARORA S S S. Butterfly optimization algorithm: a novel approach for global optimization
[J]. Soft computing: a fusion of foundations,2019(3):715−734.

[104]　ARORA S,SINGH S. An improved butterfly optimization algorithm with chaos[J]. Jour-
nal of intelligent &fuzzy systems,2017,32(1):1079−1088.

[105]　ARORA S,SINGH,YETILMEZSOY K. A modified butterfly optimization algorithm for
mechanical design optimization problems[J]. Journal of the brazilian society of mechani-
cal sciences and engineering,2018(40):21.

[106]　ARORA S,ANAND P. Learning automata-based butterfly optimization algorithm for engi-
neering design problems[J]. International journal of computational materials science,
2018,7(4):1−28.

[107]　Han K H,Kim J H. Quantum-inspired evolutionary algorithm for a class of combinatorial
optimization[J]. IEEE trans evolutionary computation,2002(6):580−593.

[108]　MIRJALILI S,LEWIS A. The whale optimization algorithm[J]. Advances in engineering
software,2016(95):51−67.

[109]　LI M,KANG H,ZHOU P,et al. Hybrid optimization algorithm based on chaos,cloud and
particle swarm optimization algorithm[J]. Journal of systems engineering and electron-
ics,2013,24 (2):324−334.

[110]　SRINIVAS M,PATNAIK L M. Adaptive probabilities of crossover and mutation in genet-
ic algorithms[J]. IEEE transactions on systems, man, and cybernetics,1994,24 (4):
656−667.

[111]　LI M W,WANG Y T,GENG J,et al. Chaos cloud quantum bat hybrid optimization algo-
rithm[J]. Nonlinear dynam,2021,103 (4):1167−1193.

[112]　BENDERBAL H H,DAHANE M,BENYOUCEF L. Exhaustive search based heuristic for
solving machine layout problem in reconfigurable manufacturing system design[J]. IFAC
papers online,2018(51):78−83.

[113]　GENG J,LI M W,DONG Z H,et al. Port throughput forecasting by MARS-RSVR with
chaotic simulated annealing particle swarm optimization algorithm[J]. Neurocomputing,
2015(147):239−250.

[114]　FISTER I,FONG S,BREST J. A novel hybrid self-adaptive bat algorithm[J]. The scien-

tific world journal,2014 (2014):709–738.

[115] LIU H Z,HAN F X. Bat optimization algorithm based on cloud model and k-means clustering[J]. Journal of guangxi university for nationalities (natural science edition),2014, 20(4):65–67.

[116] LV S H. Research on the cloud computing resource scheduling based on chaos strategy and bat optimization algorithm[J]. Bulletin of science and technology,2014(30):144–153.

[117] DAS S,MULLICK S S,SUGANTHAN P N. Recent advances in differential evolution—an updated survey[J]. Swarm and evolutionary computation,2016(27):1–30.

[118] PENG X Y,YAN J S,QIU D Q. Study of ship motion modeling and prediction based on periodogram methods[J]. Ship engineering,2011,33(5):60–64.

[119] KANG H G,LI M W,ZHOU P F,et al. Prediction of passenger traffic volume using v-support vector regression optimized by chaos adaptive genetic algorithm[J]. Journal of dalian university of technology,2012,52(2):227–232.

[120] LUO W L,ZHANG Z . Modeling of ship maneuvering motion using neural networks[J]. Journal of marine science and application,2016(15):426–432.

[121] MOHAMMADI A,HAMID Z S. Inclined planes system optimization algorithm for IIR system identification[J]. International journal of machine learning &cybernetics,2018(9): 541–558.

[122] NIU X X,SUEN C Y. A novel hybrid CNN-SVM classifier for recognizing handwritten digits[J]. Pattern recognit,2012,45 (4):1318–1325.

[123] JIN C,JIN S,QIN L. Attribute selection method based on a hybrid BPNN and PSO algorithms[J]. Applied soft computing,2012,12 (8):2147–2155.

[124] LUO L X. Network text sentiment analysis method combining LDA text representation and GRU-CNN[J]. Personal and ubiquitous computing,2019,23(3): 405–412.

[125] ZHANG Z C,HONG W C. Application of variational mode decomposition and chaotic grey wolf optimizer with support vector regression for forecasting electric loads [J]. Knowledge-based systems,2021(228):107297.

[126] STORN R,PRICE K. Differential evolution—a simple and efficient heuristic for global optimization over continuous spaces[J]. Journal of global optimization,1997(11): 341–359.

[127] CHEN J,QI X,CHEN L,et al. Quantum-inspired ant lion optimized hybrid k-means for cluster analysis and intrusion detection[J]. Knowledge-based systems,2020(203):1–10.